神様が
教えてくれた、
星と運の真実

桜井識子の星座占い

桜井識子
Sakurai Shikiko

幻冬舎

はじめに

この本を手に取っていただきありがとうございます。

私がこれからお伝えする星座占いはアメリカ・アリゾナ州セドナにいる、とても神格が高いエネルギーの神様から直接教わったものです。星座占いといっても太陽系の天体から受ける影響だけでなく、宇宙のほかの星々と、私たち人間に大きな作用をおよぼしている音の影響を取り入れた、今までにない画期的な占いとなっています。


宇宙や音の響きから受ける影響を総合的に判断して数値化したものを、宇宙運命数として10種類のタイプに分けています。10個の運命数は「トレミーの48星座」の各星座の方角と特性を照らし合わせ、最もマッチするものの名前をつけました。

現在の星座は全天で88個あります。その中でも2世紀前半からあるのが、天文学者プトレマイオス（英語でトレミー）の作った星表に載っている「トレミーの48星座」

です。歴史と伝統がある星座と言えます。

詳しい占い方法は本文を読んでいただくとして、天体からの影響、音の響きの影響とはどのようなものなのか、私たちの日々の生活にどのように関わっているのかを、お話したいと思います。


まず、影響を受ける代表的なものとして「運」があります。

「どうして今年はこんなにツイていないのだろう？」と思ったことはありませんか？ずっと同じ職場で働きたかったのに派遣先が変わった、そこでの仕事がうまくいかない、お給料も下がってしまったし、彼とはケンカ別れをした、なんだか人生がうまくいっていないと感じていたら、眼鏡を割ってしまって修理代がかかるわ、定期は落とすわで……なんでこんなにツイていないの？ と泣きたくなったことはありませんか？

このように誰にでもツキに見放されている期間というものがあって、それはバチが当たっているとか、修行だとか、カルマだとか、本人の心がけが悪いなど、そのようなことが原因ではなく、星や地球といった天体の動きと、音の影響によるものなのです。

「運」以外にも、なんだか体調がスッキリしない、どこかが特別悪いというわけではないのに、どうも体調が良くないという影響の出方もあります。

天体のバランスによって一番影響を受けやすいのが精神面です。本人が気づいていないだけでかなり左右されています。たとえば、大好きな彼なのに、大好きなお友だちなのに、可愛い我が子なのに、今日はなぜかちょっぴり「嫌い」という感情が湧いてくる、なぜなのか意味がわからない……なんてことはありませんか？

めったに腹が立たない温和な性格なのに、「今日はなんだかすごくイライラするー！」というのもそうだったりします。意地悪なんて言ったこともしたこともないのに、なぜか今日は無性に意地悪を言いたいとか、したいとか、普段の自分では持ちえない感情が出てくることもあります。それは星や地球と人間は別の次元で直接繋がっているため、精神が微妙に影響を受けて安定を失うせいです。

宇宙や音がそのように作用することを知り、さらに自分の持って生まれた基本タイプを認識することで、違った方向に進んでいた人生が元の方向に戻ります。自信を失《な》くしていたり、何かに傷ついて心がしんどいという方は特に、真の基本タイプを意識することで運がひらけていきます。

「どうしたらいいのかわからない」と人生の道を見失っている方、人生のどん底と思える状態で生きる気力が湧かないという方も読んでいる最中に、何か小さな……キラリと光る突破口となるヒントをこの本で見つけられるかもしれません。

そしてそれが、結果的に「人生を頑張ってみようかな」と、明日への希望に繋がるとしたら、こんなに嬉しいことはございません。

桜井識子

神様が教えてくれた、星と運の真実

桜井識子の星座占い

目次

☆各星座の占い　099

☆

桜井識子の星座占いができるまで　188

カバーデザイン　小口翔平＋喜來詩織（tobufune）
イラスト　伊藤ハムスター
本文デザイン・DTP　美創

☆桜井識子の星座占いがよくわかる8つの疑問

どうして当たるの？

この星座占いはスピリチュアルの聖地として有名なセドナにいる、非常に神格が高いエネルギーの神様から直接教わったものです（くわしくは「桜井識子の星座占いができるまで」〈188ページ〉をご覧ください）。

音の響きや天体の動きで変化する宇宙からの影響を、占いという形にして表現しています。したがってひとつの方法だけでは占えないので、占星術的な要素と姓名判断的な要素の2つを組み合わせています。太陽をはじめ宇宙にある星々、名前が持つ音、この2つを考慮しています。どちらか一方だけでは正確なアドバイスができないからです。

占星術に代表される星占い、名前をもとに占う姓名判断、どちらもそれぞれ長い歴史の中で確立された占いです。その2つを組み込んだ相乗効果により、鑑定の精度も高くなって、当たる率が高いというわけです。

ほかの占星術とどこが違うの？

一般的な占星術は地球を基点にして……つまり、地球から見て〝太陽が〟どの方向にあるのかで星座を決定しています。桜井識子の星座占いでは、生まれた時に〝地球が〟宇宙のどの位置にあったのかを重視しています。

太陽系の惑星は中心である太陽のまわりをくるくると公転しています。通常の占星術は、このくるくる動いているほうの惑星から見た、中心に位置する太陽、という図になっています。公転軌道上を移動している地球から見て、太陽がどの方向に見えるのかを観測しているわけです。

この視点をちょっと変えて宇宙規模で太陽系をとらえてみると……基点はおのずと中心の太陽となり、太陽から見た地球の位置が宇宙における地球の位置を示すということになります。ここが重要なポイントです。

地球が宇宙のどこに位置していた日に生まれたのか……には、深い意味があります。太陽と反対側の方向、つまり太陽に向いた地球の背後となる宇宙空間が、太陽とのバランスを取るからです。

「自分の基本タイプ」って何のこと？

人は「生まれた時」の、宇宙の影響や与えられた名前の「音」で、どのような成功パターンの人生になるのかが大まかに決まります。持って生まれた成功のパターンを知ることは、人生を好転させるちょっとしたコツになります。

現在、人生がうまくいっていないという人は、その運を矯正することが可能になるからです。自分はこういうタイプなのだ、と理解をしていたつもりが、実は基本から外れていたとすれば、運も本来の良運から外れていることがあります。それを修正できます。

人生がとても順調に進んでいるという方は、さらに運をアップさせることにも繋がりますから、基本タイプを知っておくことは大切です。

桜井識子の星座占いってスピリチュアルな占いなの？

占いはもともとスピリチュアルな要素が入っていると言っても過言ではありません。

統計学をもとにしているとされる占いも、最終的には占う人の判断によって違いが出てきます。同じ占星術、同じ姓名判断でも、占う人の読み解き方によってアドバイスが変わってきます。比べてみると内容が違うのはそのためです。

桜井識子の星座占いは星々を科学的な観点とスピリチュアルな観点から読み解き、言霊という古代から伝承されてきたものをプラスしています。スピリチュアルな部分もありますが、スピリチュアルオンリーというわけでもありません。

どうして悪い運について書いてないの？

人生に前向きになっていただけるよう、運勢のうちで明るい部分だけを抽出しています。暗い部分、良くない可能性がある未来を書いてしまうと、それを読んだ人は気分が落ち込んでしまいます。

1人残らず全員に起こることではないにもかかわらず、怯えさせてしまうことになるのです。「可能性がある」というだけなのに、心に引っかかって、気になって仕方がないという人がいらっしゃるかもしれません。そのネガティブな思考のほうが、断然本人にとって良くないのです。順調にいっている良運をみずから落とすことになるからです。

明るい未来のほうを知ると、そちらを強く意識することでグイグイと良い運を引き寄せます。その星座が持つ上昇傾向にある運勢、そこにプラスして、自分でも運を引っ張り上げるというわけです。二重の意味で運気アップになっていますから、良い運に集中したほうがいいのです。

地球位置数の区分は黄道十二宮と同じ？

この星座占いは一般の占星術ではありませんが、地球位置数の区分（22ページ）に「黄道十二宮」を取り入れています。「黄道十二宮」についてデジタル大辞泉から抜粋すると、
【黄道帯を、春分点を起点として30度ずつ12等分してつけた名称。白羊・金牛・双子《そうし》・巨蟹《きょかい》・獅子・処女・天秤・天蝎《てんかつ》・人馬・磨羯《まかつ》・宝瓶《ほうへい》・双魚《そうぎょ》の12宮。
太陽は1年間これらの宮を順に移動するので、古代オリエントから占星術に使われた。（以下略）】と説明されています。

「黄道十二宮」は、地球の歳差運動により、実際の星座の位置とズレている、ということをご存じの方もいらっしゃると思います。この占いでは、太陽とバランスを取る「方向」として、「黄道十二宮」を使っており、その方向にあるさまざまなエネルギーを放つ星、星団などの存在、それらがおよぼしている影響を考慮しています。

太陽影響数とは？

地球は楕円軌道を描いて太陽を周回しています。もしも軌道が円だったら、どの位置にいても太陽からの距離は一定になりますが、実際は楕円軌道なので、近日点という地球が太陽に最も近づくところと、遠日点という最も離れるところがあります。

近日点は太陽に近いので重力が大きくなります。地球が太陽に近づくほど速度も速くなるため、近日点で速度は最大となります。速度が大きいと遠心力も大きくなるので、遠心力もここで最大になります。

近日点と遠日点では人間が受ける影響も微妙に違っているのです。そのため、桜井識子の星座占いでは生まれた月ごとに「太陽影響数」（22ページ）を算出し、占いに反映しています。

言霊音響数とは？

言葉には霊力が宿っているため、その言葉を口にすることで霊力が働いて現実に作用する、と古代の日本人は考えていました。科学の発達した現代では、「それって古代人の迷信じゃない？」と思われる方がいらっしゃるかもしれませんが、言霊の力は本当にあります。

「単語」に霊力が宿るのではなくて、「音」の組み合わせで、いろいろと空間に影響をおよぼしているのです（言霊という名称と合っていないような気もしますが、音の力という意味で使っています）。

この数は良い・悪いということではなく、響く音の種類によって、未来へ続く時空の中の、その人固有の存在空間の色と言いますか、模様のようなものが確保される仕組みとなっています。

どんな音がどのように響くのか……が重要なので、画数ではなく音で判断します（23ページ）。

宇宙運命数の計算サイト

こちらのサイトに**生まれた時の名前**と生まれた月と日を入力することで、宇宙運命数を導き出すことができます。スマートフォンやPCからアクセスしてください。

https://www.gentosha.co.jp/sakuraishikiko/

＊アルファベットの名前は非対応です。
＊39ページの「間違いやすい例」をご一読ください。
＊次ページからご紹介する手順で導き出すこともできます。

宇宙運命数の導き方　手順

① 地球位置数を調べる（22ページ）　　① ______

② 太陽影響数を調べる（22ページ）　　② ______

③ 生まれた時の名前で言霊音響数を調べる

A 言霊をつかさどる数字を調べる（23ページ）

A ____ ____ ____
百の位　十の位　一の位

B 姓名の音の数を調べる（30ページ）

B ______

C Aの百の位、十の位、一の位の数字と、Bを足す。出た数字の一の位が言霊音響数となる

A ____ + ____ + ____ + B ______
百の位　十の位　一の位

= ______ →一の位 ③ ______

① ____ + ② ____ + ③ ______

= ________ →一の位の数字が宇宙運命数となる

あなたの宇宙運命数は ________

＊39ページの「間違いやすい例」をご一読ください。

＊詳しいやり方は次のページから！

☆

宇宙運命数の導き方

①地球位置数（生まれた時の地球の位置）

地球が宇宙のどこにいたのか、どの方向で太陽とバランスを取っていたのかという、生まれた日の地球の位置はとても重要です。表①で、生まれた日から数字を導き出しておきます。

②太陽影響数

太陽から受ける重力と遠心力の影響は、いつ生まれたのかによって違ってきます。表②で、生まれた月から数字を導き出してください。

①地球位置数表

3月21日～4月19日	7	9月23日～10月23日	1
4月20日～5月20日	8	10月24日～11月22日	2
5月21日～6月21日	9	11月23日～12月21日	3
6月22日～7月22日	10	12月22日～1月19日	4
7月23日～8月22日	11	1月20日～2月18日	5
8月23日～9月22日	12	2月19日～3月20日	6

③言霊音響数

言霊音響数は、「A」から「C」まで順番に計算して最終的な数字を導き出します。

A　言霊をつかさどる数字

どのような音の組み合わせの名前を〝生まれた時に与えられたのか〟によって、性格やその後の人生などに影響が出てきます。

この占いで使用する姓名は、〝この世に生をうけた時に与えられた姓名〟です。

結婚をして夫の姓を名乗っている方は旧姓で計算をしてください。両親が離婚、さらに再婚をして姓が変わったという方、人生の途中で改

②太陽影響数

1月	6	7月	1
2月	5	8月	2
3月	4	9月	3
4月	3	10月	4
5月	2	11月	5
6月	1	12月	6

名したという方も、生まれた時の姓名で計算をします。人生の途中で性別を変えられた方は、生まれた時の名前は別の性のものなので、それは使いたくないと思われるかもしれませんが、ただの記号だと思って計算してください。

姓名をすべてひらがなにして、50音表（26ページ）から数字を当てはめていきます。「一郎」さんは「いちろー」と発音しているかもしれませんが、「い・ち・ろ・う」の4つを足し、「こ・う・じ」さんは「こーじ」と言っていても、真ん中の「う」もちゃんと足します。

外国の方のためにアルファベット表もつけています。姓名をアルファベットで書いて、一文字一文字、数を当てはめていき、すべてのスペルの数を足します。ミドルネームをお持ちの方はそれも加えます（39ページからの「間違いやすい例」もご参照ください）。

日本語名もアルファベット名も、全部の音を足した数は2ケタと3ケタの方がいて、数の大きさはまちまちだと思います。その合計数の一の位、十の位、百の位の数字がその方の言霊に関係する数になります。

文章では非常にわかりづらいので、例をあげますと……。

A　言霊をつかさどる数字　の計算例

＊生まれた時の名前ではない人物もいますが計算の例として載せています。

さ　く　ら　い　し　き　こ
35 + 12 + 30 + 3 + 33 + 13 + 11 =**137**

「1」と「3」と「7」が桜井識子の言霊をつかさどる数字となる。

ま　つ　お　ば　しょ　う
20 + 37 + 1 + 50 + 86 + 2 =**196**

「1」と「9」と「6」が松尾芭蕉の言霊をつかさどる数字となる。

こ　ば　や　し　い　っ　さ
11 + 50 + 44 + 33 + 3 + 116 + 35=**292**

「2」と「9」と「2」が小林一茶の言霊をつかさどる数字となる。

きゃ　り　ー　ぱ　みゅ　ぱ　みゅ
76 + 28 + 45 + 70 + 78 + 70 + 78 =**445**

「4」と「4」と「5」がきゃりーぱみゅぱみゅの言霊をつかさどる数字となる。

Richard Tiffany Gere
10+3+20+6+5+10+16+12+3+21+21+5+9+14+17+4+10+4=**190**

「1」と「9」と「0」がRichard Tiffany Gere（リチャード・ギア）の言霊をつかさどる数字となる。

50音表

な 25	た 40	さ 35	か 15	あ 5
に 23	ち 38	し 33	き 13	い(ゐ) 3
ぬ 22	つ 37	す 32	く 12	う 2
ね 24	て 39	せ 34	け 14	え(ゑ) 4
の 21	と 36	そ 31	こ 11	お 1

が 60	ら 30	や 44	ま 20	は 10
ぎ 58	り 28	ゆ 43	み 18	ひ 8
ぐ 57	る 27	よ 42	む 17	ふ 7
げ 59	れ 29	わ 41	め 19	へ 9
ご 56	ろ 26	ん 0	も 16	ほ 6

きゃ 76	ぱ 70	ば 50	だ 55	ざ 65
	ぴ 68	び 48	ぢ 53	じ 63
きゅ 75	ぷ 67	ぶ 47	づ 52	ず 62
	ぺ 69	べ 49	で 54	ぜ 64
きょ 74	ぽ 66	ぼ 46	ど 51	ぞ 61

みゃ 79	ひゃ 73	にゃ 82	ちゃ 91	しゃ 88
みゅ 78	ひゅ 72	にゅ 81	ちゅ 90	しゅ 87
			ちぇ 141	しぇ 109
みょ 77	ひょ 71	にょ 80	ちょ 89	しょ 86

50音表

ぴゃ 103	びゃ 94	じゃ 100	ぎゃ 97	りゃ 85
ぴゅ 102	びゅ 93	じゅ 99	ぎゅ 96	りゅ 84
		じぇ 108		
ぴょ 101	びょ 92	じょ 98	ぎょ 95	りょ 83

		ヴァ 128		ふぁ 107
でぃ 110	てぃ 111	ヴィ 112	うぃ 114	ふぃ 105
でゅ 163				
ー 45		ヴェ 127	うぇ 115	ふぇ 106
小さい「つ」 116		ヴォ 126	うぉ 113	ふぉ 104

アルファベット表

A	5	J	22	S	11
B	15	K	7	T	12
C	20	L	23	U	2
D	16	M	8	V	25
E	4	N	9	W	13
F	21	O	1	X	26
G	17	P	19	Y	14
H	6	Q	24	Z	18
I	3	R	10		

B　姓名の音の数

姓名の音が時空、宇宙空間を震わせる〝数〟です。自分がこの世に生まれた時に与えられた姓名の音の個数……つまり、いくつの音が空間を振動させているのか、ということです。

日本語名でしたら、単純に姓名の音の数をカウントします。

桜井識子は、「さくらいしきこ」で7音です。「一郎」さんは、「いちろう」で4音です。

「いちろー」と語尾は伸ばすので3つの音のように思われるかもしれませんが、3つだと「いちろ」さんになってしまいますので、「う」ははっきり発音していなくてもカウントしてください。「きょうこ」さんも「きょーこ」と、2つのように感じるかもしれませんが、2つだと「きょこ」さんと一緒になってしまいますので、「う」もカウントします。

次の音もひとつとして数えます。

「ん（撥音）」
「ー（伸ばす音：長音）」
「っ（小さい「つ」：促音）」
「きゃ・きゅ・きょ（小さな文字を伴う音：拗音）」

外国の名前はシラブル（音節）の数となります。シラブルがわからない、という方は、ネットでシラブルの数を調べることができます。サイトがいくつかありますが(syllable counter で検索をすれば、いくつかのサイトがヒットします)、アクセスしたサイトの該当箇所に名前を入力すると数が表示されます。

たとえば、Jennifer という名前だったらシラブルは3、Richard だったら2、です。ミドルネームをお持ちの方はそちらもカウントします。

B　姓名の音の数　の計算例

＊生まれた時の名前ではない人物もいますが計算の例として載せています。

さ・く・ら・い・し・き・こ
（桜井識子）……7

ま・つ・お・ば・しょ・う
（松尾芭蕉）……6

こ・ば・や・し・い・っ・さ
（小林一茶）……7

きゃ・り・ー・ぱ・みゅ・ぱ・みゅ……7

ほ・ん・だ・そ・う・い・ち・ろ・う
（本田宗一郎）……9

お・お・や・ま・い・わ・お
（大山巖）……7

む・しゃ・の・こ・う・じ・さ・ね・あ・つ
（武者小路実篤）……10

Richard Tiffany Gere
（リチャード・ギア）……6

C　言霊音響数の出し方

Aで出した言霊をつかさどる数字の一の位・十の位・百の位と、Bの姓名の音の数を足します。出た答えの数字の一の位が、言霊音響数となります。

Bの数字は2ケタでもバラバラにしません。10でも11でも12でも、姓名の音の個数はそのままを足します。

言霊音響数は「0」から「9」まであります。

C 言霊音響数 の計算例

＊生まれた時の名前ではない人物もいますが計算の例として載せています。

A 桜井識子の言霊をつかさどる数字 **1・3・7**
B 姓名の音の数 **7**
1＋3＋7＋7＝18
C 言霊音響数は一の位の「**8**」

A 武者小路実篤の言霊をつかさどる数字 **3・0・3**
B 姓名の音の数 **10**
3＋0＋3＋10＝16
C 言霊音響数は一の位の「**6**」

A Richard Tiffany Gere（リチャード・ギア）の
言霊をつかさどる数字 **1・9・0**
B 姓名の音の数 **6**
1＋9＋0＋6＝16
C 言霊音響数は一の位の「**6**」

《間違いの例》
さ く ら い し き こ
35＋12＋30＋3＋33＋13＋11 ＝137
137にそのままBを足すと 137+7＝144
一の位が4になってしまい、全然違うタイプとなりますから、ご注意ください。

武者小路実篤のBの数字を、十の位と一の位でバラバラにすると
3＋0＋3＋1＋0＝7
となり、こちらも出てくる数字が違ってしまいます。
Aの数字のみ、〝バラバラにして〟足します。

宇宙運命数の決定の仕方

ここまでで導き出してきた数を3つ、思い出してください。

①地球位置数
②太陽影響数
③言霊音響数

これらをすべて足します。

足して出した答えの〝一の位の数字〟が、「宇宙運命数」となります。宇宙運命数は「0」から「9」まであります。宇宙運命数をもとに38ページの星座一覧表でご自分の星座をご確認ください。

計算例

＊生まれた時の名前ではない人物もいますが計算の例として載せています。

桜井識子　1月1日生まれ（仮のものです）

① 地球位置数　4

② 太陽影響数　1月生まれ→6

③ A 言霊をつかさどる数字　1・3・7

B 姓名の音の数　7

C 1＋3＋7＋7＝18　一の位→8 言霊音響数

①4＋②6＋③8＝18 一の位→8

よって、宇宙運命数は「8」です。

本田宗一郎　11月17日生まれ

① 地球位置数　2

② 太陽影響数　11月生まれ→5

③ A 言霊をつかさどる数字　1・6・3

B 姓名の音の数　9

C 1＋6＋3＋9＝19　一の位→9 言霊音響数

①2＋②5＋③9＝16 一の位→6

よって、宇宙運命数は「6」です。

宇宙運命数の

武者小路実篤　5月12日生まれ

① 地球位置数　8

② 太陽影響数　5月生まれ→2

③ A 言霊をつかさどる数字　3・0・3

B 姓名の音の数　10

C 3+0+3+10=16　一の位→6　言霊音響数

①8+②2+③6=16 一の位→6

よって、宇宙運命数は「6」です。

Richard Tiffany Gere（リチャード・ギア）

8月31日生まれ

① 地球位置数　12

② 太陽影響数　8月生まれ→2

③ A 言霊をつかさどる数字　1・9・0

B 姓名の音の数　6

C 1+9+0+6=16　一の位→6　言霊音響数

①12+②2+③6=20 一の位→0

よって、宇宙運命数は「0」です。

星座一覧表

宇宙運命数	星座	幸運のつかみ方（基本タイプ）
0	ケフェウス座	軍師タイプ （48ページ、99ページ）
1	ペガスス座	マルチ才能タイプ （53ページ、109ページ）
2	こぐま座	ご先祖様の期待の星タイプ （58ページ、119ページ）
3	ケンタウルス座	一匹狼タイプ （63ページ、129ページ）
4	アンドロメダ座	波乱万丈タイプ （68ページ、137ページ）
5	オリオン座	鯉の滝のぼりタイプ （73ページ、145ページ）
6	おおいぬ座	ダイヤモンドタイプ （78ページ、155ページ）
7	ヘルクレス座	ボスタイプ （83ページ、163ページ）
8	はくちょう座	ステップアップタイプ （88ページ、171ページ）
9	ペルセウス座	ラッキーパーソンタイプ （93ページ、179ページ）

☆間違いやすい例

地球位置数について

・「10」～「12」の人は、宇宙運命数を出す時にその数字のままを足します。この数字は位置を表しているので、十の位と一の位をバラバラにしないようにしてください。

言霊をつかさどる数字について

・「ゐ」「ゑ」については、現代では「ゐ」は「い」、「ゑ」は「え」と同じ発音ですので、「い」、「え」の数字で計算をしてください。

・「を」も同じです。「お」と響きが一緒ですから、「お」の数字で計算をします。字の形が違っていても、〝音〟が一緒なので、〝音〟で判断します。ただし、たとえば

「みさを」というお名前の方で、「みさうぉ」と読んでいる方は、「を」は「お」ではなく、「うぉ」の数字、「113」で計算をします。響く〝音〟が重要なので、字の形ではなく音で判断します。

姓名の音の数について

・ひらがなにして同じ音が複数あった場合、まとめて1個にしないようにします。たとえば、「いしいまいこ」さんだとすると、「い」の音が3つあるので、重なった「い」をひとつと考えて合計を「4」にするのではなく、単純に音の〝数〟を数えます。「いしいまいこ」さんは、そのまま数えて、「6」になります。

言霊音響数について

・「A　言霊をつかさどる数字」の合計が「88」や「114」など、同じ数字が重なった場合、バラバラにする時にまとめてひとつと考えないようにします。「88」だと、「8」＋「8」＋「姓名の音の数」です。「114」は「1」＋「1」＋「4」＋「姓名の音の数」です。現れた数字はすべて大切ですから、同じ数字が重なっていてもちゃんとすべて足してください。

宇宙運命数について

・①②③の3つの数字を足した合計が「10」「20」となったら、一の位が「0」ですから、その方は宇宙運命数「0」の人です。

外国名をお持ちの方について

・韓国語のお名前の方は日本語のカタカナ読みにしてしまうと、まったく違うお名前になってしまいますので、母国語の発音で計算をしてください。その場合、アルファベット表記で計算をします。パスポートの姓名の中間に「－」が入っている方は、この記号はカウントしなくて大丈夫です。姓名の音の数も、カタカナにして数えるのではなく、英語と同じようにシラブルで数えてください。

・戸籍上のお名前は韓国語で読みはカタカナ表記、読み方の音も日本語の音である場合、「ぢょ」は「じょ」で計算してください。日本語で読む音が同じですから、

「じょ」で大丈夫です。

・ご両親が国際結婚をされているなどでお名前が2つある方も〝生まれた時に与えられた名前〟のほうで計算をします。姓名判断とは違いますので、「通常使うかどうかは関係がないのです。「おぎゃー」と生まれて、「この子の名前はこれにしよう」と決まった、その姓名で計算をします。ただし、お名前のカタカナ表記に、50音表にない音が含まれている方（「グィ」「ツァ」など）は、姓名をアルファベットで書いて計算してください。

・二重国籍の方の場合、出生時に日本と外国でそれぞれに届けを出したけれど、外国での出生届はミドルネーム入り、日本での出生届はミドルネームなしというパターンもあるかと思います。

たとえば、

外国での届け：Taro John Yamada

日本での届け：やまだたろう

同時に名付けたということはないと思いますので、2つあるお名前のうち、早く決定したほう、先に名付けたほうで計算をしてください。「おぎゃー」と生まれて、やまだたろうにしよう、あ、外国名はミドルネームを入れておいたほうがいいだろうから、ミドルネームをJohnにしよう、という場合は、やまだたろうさんです。

そうではなくて、「おぎゃー」と生まれて、Taro John Yamadaがいいよね〜、この名前にしよう、あ、でも日本ではミドルネームがいらないから、日本の届け出はミドルネームをなしにしよう、という場合は、Taro John Yamadaさんとなります。

生まれた時の名前がすぐ変わった方について

・幼い頃に養子に出されて生まれた時の姓名が非常に短期間であってもかまいません。もしも、名付けられた翌日に両親が離婚をして、たった1日で姓が変わったとしても、〝この世に生をうけた時〟の名前が重要なので、どんな場合も生まれた時に与えられた姓名を使います。

☆各星座の「幸運のつかみ方」——基本タイプ

この占いには性格や恋愛運・金運などの項目とは別に、〝基本タイプ〟というものがあります。どのように人生が進むのか、どのように成功するのか、については、持って生まれたタイプがあるのです。それをご紹介いたします。

ここに1匹のキリギリスさんがいます。

「ふ〜ん、桜井識子、占いを研究したのか〜、ヒマだから、ちょっとやってみよかな」

細い足でチマチマと電卓を叩いて計算をし、キリギリスさんは叫びます。

「えええーっ！　俺、アリさんタイプになってるやん！　嘘やん！」

キリギリスさんはダラダラ怠けて生きることが大好きです。好きなだけ遊んで、楽しいことのみを生活に取り入れ、「冬に備えて働くなんて愚の骨頂、人生楽しまなきゃ」と考えています。

しかし、持って生まれた基本タイプはアリさんだったのです。コツコツ働いて、コツコツ努力をすれば花開く、成功する、という人生だったのですね、本来は。

しかし、ここでキリギリスさんは思います。

「ええねん、俺、キリギリスで。努力嫌いやし、別に成功したないし。食べられたらええわ」

「っていうか、これ、占いやし」

この場合は、「あ〜、面白かった。意外とヒマつぶしになったな」と、楽しんでいただけただけでも嬉しく思います。

でも、人生がうまくいっていない、生活が味気ない、なんとか人生を好転させたい……と思っているキリギリスさんだとしたら、こころもちアリさんタイプに意識を変えてみる、アリさんタイプにちょっぴりシフトしてみるといいです。

たとえば、アリさんはエサを探してちょこまかと動きまわります。「俺、そんなタイプちゃうしな〜」と思いつつキリギリスさんが真似をしてみると、意外なところで美しいメスのキリギリスさんと出会ったり、エサをたくさん見つけることができて裕福になったりします。

アリさんタイプを意識してちょこまかと動きまわった、ただそれだけで運勢が変わるのです。

キリギリスさんは、「あくせく働いて何が楽しいねん」と、それまではアリさんのことを冷めた目で見ていました。しかし、自分の基本タイプがアリさんだとわかって「面白いからちょっとアリさんになってみようかな」と、真面目に働いてみたら……自分でも気づいていなかった能力が発揮されたりします。

周囲から「キリギリスは仕事ができるやつ」「能力あるやつ」と一目置かれたり、本人も「あれ？　仕事ってこんなに楽しかったっけ？　俺、働くの好きかも」と思ったりするわけです。

意識を変えることで、また、行動をしてみることで、運勢の風向きも変わってくるのです。そこから急に人生がひらけていったりします。

これから書くことは、〝占い〟です。ほかの占い同様、皆様の生活に取り入れるかどうかは、皆様の判断です。こうしなければ開運しないというわけではありませんし、別の方法でも運を上昇させることはできます。

でも、たとえわずかでも基本タイプを心にとめておけば、少しずつ良い方向に変化していきます。それをゲーム感覚で楽しんでも、自分を励ます材料にしてもいいと思います。

人生をひらくコツは、自分がどのタイプに属するのか、そこをまず〝知る〟ことからです。意識をすれば、そちらへの扉が開かれますから、良かったら参考にしてみてください。

宇宙運命数0

ケフェウス座

――軍師タイプ

この星座の人は頭の回転が非常に速いです。学校の成績が良いとか悪いとか、偏差値の高い学校に入れるとか、そちら方面のことを言っているのではなくて、ビビビッとなんでも素早く、賢く考えられる頭脳を持っています。

大軍のトップに立って軍勢を率いる戦国武将を、才覚で補佐したのが軍師です。考えることが得意ですから戦略に限らず、あらゆることを多角的に考察することができます。それを自分の分だけでなく、人の分までやってのける余裕がある、それがケフェウス座の人です。

ケフェウス座の人は相談を持ちかけられたり、意見を聞かれたり、悩みを打ち明けられたりと、頼りにされることが多いです。アイデアマンでもあり、斬新なものの考え方ができますから、ビジネスにおいても重宝されます。

さらにこの星座の人は、人の〝扱い〟がとても上手です。同僚や上司、得意先、友人知人、ご近所さん、サークル仲間やママ友、お客さんなど、いろいろな人間関係においてその能力を発揮します。

「うまく人を扱う」と聞いて、まず頭に浮かぶのは「上司が部下を」というシチュエーションではないでしょうか。褒めたり、活を入れたりしてやる気を引き出し、張り切って仕事をするように導く、というイメージですね。もちろん、このようなパターンもありますが、扱いが上手というのは、指導をすることだけではなく、違う意味もあるのです。

たとえば怒りっぽい性格のAさんがいたとします。しょっちゅうイライラして感情のままに独り言の文句をつぶやきます。「腹立つ〜」「ムカつく〜」と小声で言っています。

時には周囲の人に当たり散らしたりもします。

しかし、なぜかAさんはケフェウス座の人といる時は、穏やかで怒ったりしないのです。

これはAさんをうまく扱っているということになります。意識はしていないかもしれませんが、Aさんを上手にリラックスさせたり、感情が乱れないように安定させたりしているのですね。ケフェウス座の人の話し方、会話の内容がAさんを癒しているのです。要所要所で笑顔を効果的に使って、Aさんの心が休まるようなことを無意識にしている、というわけです。

接客業などの人と接するお仕事や、医療・介護関係、ご近所・ママ友等のお付き合い、または社内で、妙に人がなついてくる、というのがケフェウス座の人の特徴です。

「軍師って、諸葛孔明や黒田官兵衛みたいな感じ？　私はそんな切れ者じゃないんだけど……」と、思われた方は、ご自分を観察してみることをおすすめします。お友だちや同僚から愚痴を聞かされることが多くはありませんか？　「そう言えば、その頻度が高いかも」と思い当たることはないでしょうか？

人は愚痴を言う時、無意識に相手を選んでいます。自分のストレスをうまく解消してくれる人が誰なのか、わかっているからです。的確なアドバイスをしてくれる人を選ぶわけです。

ほかにも、「わかる〜、私も昨日同じことを思ったよ」と同調してくれる人、

「そんなことを言われたらつらいよね、大丈夫？　傷ついてない？」と同情をしてくれる人、

「あいつー！　許せないー！」と本人以上に怒りを爆発させてくれる人など、なんらかの〝望む〟リアクションで心を軽くしてくれる人を選んでいます。

ですから「あっちからもこっちからも愚痴を聞かされるのよね」という人は、相手が望むリアクションを無意識にしてあげているわけで、そこをうまくできるのは頭の回転が速い証拠なのです。自分ではそうと気づいていなくても周囲は認めています。


人をうまく扱えるため、おのずと人が寄ってきますから、それで成功します。回転の速い頭を上手に使うことでも、もちろん成功します。飲み込みが早いので、どこに行っても重宝されますし、「できる人」という印象を持たれます。

自分が軍師タイプだと思えないという人は能力を閉じ込めたまま、もしくは開花させていないので、宝の持ち腐れ状態になっていると思われます。まずは自覚することから始めるといいです。軍師ですから、いろいろと物事を多角的に考えるクセをつけます。

お店で可愛いアクセサリーを見つけた、でも、予算より高い……。「あ～あ、買えないわ」で終わる人がほとんどですが、軍師はそこで、どうやったら手に入れることができるだろうか、と考えます。値切ってみる、セールを待つ、食費を節約してそのお金をまわすなど、あらゆる方法を考えるのです。このように頭を使うクセをつけるだけでも自覚はうながされます。

本来の自分のタイプに気づくと意識が変わります。意識が変われば、そこからは軍師タイプとして人生が進んでいきます。頭は使えば使うほど磨かれていきますから、徐々に成功への道がひらけていきます。

ケフェウス座の占いは99ページにつづきます

宇宙運命数1

ペガスス座
——マルチ才能タイプ

この星座の人はマルチな才能を持って生まれた人です。人間には必ず、最低ひとつは人よりも秀でた才能があります。そのような才能をいくつも持って生まれてきたのがこのタイプの人です。

才能というと、歌が上手、絵がうまい、運動神経がいい、などを思い浮かべがちですが、そのようなわかりやすいものばかりとは限りません。気づきにくい種類の才能は、本人も自覚していないケースがほとんどです。その気づいていない才能が素晴らしいものである、ということも多いのです。

「私には才能なんてありません……」と下を向いている人も、実はすごいものを持っていたりします。才能とは多種多様であり、本人が「これは才能だ」と自覚することが難しいものもありますし、気づけない環境にいることもあります。

たとえば短い文章で表現をすることが抜群にうまいという才能は、コピーライターという職につかなければ自覚できないかもしれません。書家としてものすごい才能があったとしても、筆で文字を書かなければ、そこに気づくことができないのです。

オリジナル料理を作らせたら天下一品という才能があるけれど、男性だからお料理をしたことがないとか、どんな植物も枯らすことなく育てることができる素晴らしい才能を持っているけれど、都会暮らしのため植物をさわらないとか、いろいろな〝気づけない〟パターンがあります。

見ず知らずの人とでもニコニコと楽しく会話ができるのも立派な才能ですし、犬や猫をはじめどんな生き物にもなつかれるというのも素敵な才能です。

ペガスス座の人はこのような才能をいくつも持って生まれています。そして、持っているどれかの才能で成功します。どの才能を使うかで成功に繋がるかどうかが微妙に違いますから、どれを武器にすればいいのかを見きわめる必要があります。

営業能力とデザインセンスと歌の才能があった場合、成功する才能が営業力であれば、まずそちらで出世をして成功しておいてから、別の才能を発揮するという方法もあります。

お洋服のデザインを副業でやってみたり、動画サイトを利用して歌を公開したりすると、そちらでも才能が花開く可能性があるからです。せっかくいくつもの才能を持ったタイプですから、いろいろとチャレンジしてみると人生がもっと輝きます。

もしかしたら自分が若くないからと諦めてしまう方がいらっしゃるかもしれません。世の中を広く見渡すと、定年退職をしてから絵を描き始めて画家になった人や、高齢になってカメラを趣味にしてカメラマンになった人もいます。年齢はまったく関係ありません。

陶芸の才能を持っていれば、定年後から始めてもその才能はちゃんと花開きます。美しい器を作ることができるというセンスに、若いか高齢かは影響しないのですね。高齢になったからといって、才能が消えてしまうことはありません。

これを読んでいる人の中には、「自分の持っている才能がまったくわからない」という方もいらっしゃるかもしれません。その方はまず「気づく」「見つける」ことが、成功する鍵となります。友人や親兄弟、同僚などに自分の良い点は何かを聞いてみるのも才能に気づく方法のひとつです。「仕事にミスがないよね」「声かけが上手だよね」など、言われたことからあれこれ考えると才能が見えてきます。

自分が好きなことはなんなのかを突き詰めて考えるのもいいと思います。「好き」なことは、才能に繋がっている可能性が非常に高いので、そこにヒントがあるかもしれません。

マルチな才能を持っているペガスス座の人は、象徴であるペガサスのように、持っている自分の翼で羽ばたく運となっています。人の真似をして「ああしなきゃ、こうしなきゃ」と思わなくてもいいのですね。自分の背についているその翼で羽ばたける能力がありますから、自分を信じていればいつか大空を飛翔する日がきます。そのままの自分で勝負できる、それがペガスス座の人なのです。

「私なんて凡人だから」と、自分を低く見ないようにしてくださいね、というのがペガスス座の人へのアドバイスです。せっかくマルチ才能タイプに生まれているのですから、あちこち違う方向から考えて、是非とも多くの才能を見つけ出してください。たったひとつしかなければ、才能を見つけることは難しいかもしれませんが、いくつもあるのですから、その気になればすぐに見つかります。
この星座の人は眠っている才能を探すことが成功の第一歩となります。

ペガスス座の占いは109ページにつづきます

宇宙運命数2

こぐま座
——ご先祖様の期待の星タイプ

ご先祖様の期待の星タイプのこぐま座の人は、文字通りご先祖様から多大な期待をされています。期待してもらえているぶん、ご先祖様の応援も大きく、それによって成功できます。

おじいちゃんおばあちゃん、ひいおじいちゃんひいおばあちゃんあたりの人たちだけでなく、もっともっとさかのぼった、古い時代の方々を含めた、大勢のご先祖様からバックアップされているのです。分家だから、分家ぶんのご先祖様しかいないというわけではありません。本家に祀られているご先祖様も、分家の子孫を大事に思っています。

ご先祖様の中には夢半ばで亡くなった人、したいことができない時代だったために窮屈な思いをして生きた人、生活が苦しくて楽しみが何もなかった人など、いろいろな思いを抱えてあの世に帰った人がたくさんいるわけです。そんなご先祖様の希望の星と言いますか、時を超えて、この子に夢を託したい、一族のために頑張ってほしいという、大いなる期待をされて生まれてきたのがこぐま座の人なのです。

ご先祖様に愛されていますから、ご加護をたくさんもらえる運命を持って生まれています。ほかの子孫ももちろん守ってもらえているのですが、こぐま座の人は〝特別〟です。期待と応援の濃度が非常に高いのです。

強力な応援が後ろについているおかげで、他人の目には何割か増しで良く映るのが特徴です。たとえば本人の実力や性格が仮に70点だとしても、80点や90点に見てもらえます。向こうが勝手に盛って見てくれる、と言ってもいいかと思います。

そのおかげで目上の人に引き立ててもらいやすく、周囲に押し上げてもらえたりもします。本人が特別にお願いをしなくても、人からさりげなく助けてもらえますし、フォローをしてもらえるという、「なんだかすごくお得なんですけど」というタイプです。他人にサポートされる運を持っています。

上司がとても目をかけてくれたおかげで、とんとん拍子に出世できたとか、趣味でお人形を作っていたら、お友だちがあちこちで宣伝してくれて、その仕事が舞い込んできたとか、人が人生をひらくお手伝いをしてくれるパターンが多いです。何も頼んでいないのに勝手にやってくれるのです。

これは言い換えれば、人にツイている、人に恵まれている、というわけで、それはご先祖様の見えない世界からの応援があってこそ、なのですね。「そう言われてみたら、子どもの頃から人にはツイていたわ〜」と、皆さん、思い当たることがあると思います。

「私にご先祖様の応援があるとは思えません」という方は、ご先祖様との繋がり状態が良くないのかもしれません。こぐま座の人が持つ能力のひとつに霊感があります。ご先祖様と繋がりやすいように、その力が普通の人よりもほんのちょっぴり強めなのです。そこが錆びついているのかもしれないです。

せっかくサポートしてもらえる運を持っているのに、使わないのはもったいないので、ご先祖様との繋がりを良くすることから始めてみてはいかがでしょうか。

宗教の違いで抵抗がある人がいるかもしれませんが、お墓参りに行けるのであれば、年に1回でもかまいませんから行ったほうがいいです。仏壇があるお宅は時々、ロウソクに火を灯し、お線香を立てて手を合わせます。

お墓参りに行く習慣がない、遠くて行けない、仏壇もないという方は、1人きりになった時に、声に出してご先祖様に語りかけるといいです。常にそばで守ってくれているご先祖様のどなたかが、それを聞いて、ほかのご先祖様にも伝えてくれます。

こうして繋がる努力を続けていれば徐々にご先祖様とのパイプが太く濃くなっていきます。ご先祖様のために写経をしてお寺の仏様に奉納をすると、サポートしてくれている〝ご先祖様の力〟をさらに強くします。この方法でご先祖様をパワーアップするとますます運がひらけていきます。

人にツイている部分も大切にしたほうが良いと思います。付き合いをおろそかにしないことがポイントと言えるからです。誘われても断ってばかりでは、自分から良い運をハサミで切るようなものなのですね。毎回毎回付き合う必要はありませんが、ある程度の親密さは保っておいたほうがいいように思います。

引っ張り上げてくれる人物が夫、または妻、兄弟姉妹、両親など、身近な人というラッキーな人もいます。そのような人は、気を遣ったりお礼に頭を悩ませなくて済みますし、一生引っ張り上げ続けてもらえるわけで、親の七光りなどがそうです。日々ご先祖様に感謝をして、繋がりを良くする努力をし、あとは自然体で生きていけば道はひらけていく、それがこぐま座の人です。

こぐま座の占いは119ページにつづきます

宇宙運命数3

ケンタウルス座——一匹狼タイプ

ケンタウルス座の人は、自分という個人・個性を大切にする人です。大勢の中に溶け込んで混じり合ってしまったような状態の「没個性」を好まず、私は私、俺は俺という〝個〟をしっかりと自分の中に持っています。

子どもの頃から「その他大勢」というポジションに違和感を持っている人が多いのが特徴です。子ども時代は目立ちたがり屋という形で現れることもあるため、クラスのみんなを笑わせる人気者だったという人もいると思います。

学生時代、なんでもかんでも人と同じもの、という状況をちょっぴり苦手だと感じ、そこで自分のタイプに気づいた人がいるかもしれません。人と違うものを持ちたい、と考えることは、自分の個性を大事にするということです。洋服やヘアスタイルなどのファッションで個性を強調したり、歩いて日本一周をするなど、人と違うことをやって自分を確認したりします。

意識の中心に自分を据えているという部分にブレがないので、自分を大切にする人が多いです。イヤなことはイヤ、ダメなものはダメ、とはっきりしています。

「イヤなんだけど、断ると悪いからカラオケに付き合う」と、人に気を遣って我慢をすると、ストレスが普通の人が感じる何倍にもなって、のしかかってきます。無理をして自分を抑えつけるというストレスは、とても大きく重たく感じてしまうのです。

このような場合は、「イヤなんだけど、たまには大声を出してストレスを発散するか〜」と視点を変えると、感じるストレスが半分以下になったりします。

一匹狼タイプですから、1人で何かをすると実力を発揮できる傾向にあります。フリーランスで仕事をしたり、起業したり、1人でコツコツと何かに打ち込む仕事や作業、そのような形態だと成功しやすい運です。

成功をするのに十分な能力を持っており、それを自分でも自覚しているため、自分を信じて前に突き進む強さもあります。

持っている能力を個人的に発揮したいという願望が潜在的にあるので、誰にでもできるような簡単な仕事は向いていない人が多いです。

自分を自分として評価してもらえる、そのような仕事だとバリバリ働きます。仕事の内容次第ではやる気が失《う》せてしまい、せっかくの能力を封印してしまうこともあります。

群れの中に入らなくても、気にせず堂々としているのも特徴です。群れていると安心できますし、安全だし、何より気楽ですから、そのような場所を好む人は多いと思います。群れから外れると不安になる、という人もいるのではないでしょうか。

たまに群れの中から、「冒険をしてみたい！」と、一匹狼にチャレンジする人がいますが、あまりの心細さに挫折する人も少なくないです。なかなかなれるものではない、というのが一匹狼なのです。

ケンタウルス座の人は群れの中に自分の居場所を確保しようという意識がないため、人にお世辞を言ったり、機嫌を取ったり、おべっかを使ったりすることがほとんどありません。そのようなことが苦手なのです。自分を偽ってまで仲間にしてもらおうという考えがないのですね。

かといって、孤独が大好きだとか、人嫌い、ということでもありません。いい意味で人に流されないところはありますが、うまく人と付き合いながらも、自分を大事にするというスタイルです。

協調性がある一匹狼と言うとわかりやすいかもしれません。ですから、大勢の人と和気あいあいと一緒に歩むことも、やろうと思えば楽しくできるのです。どちらでも選べますから、そちらの人生を選択することもできるというわけです。

「でもやっぱり成功をつかみたい」

「ここらで人生を頑張ってみたい」と思われるのでしたら、個性を生かした生き方をされるといいと思います。

運をつかむためには、この一匹狼タイプを生かさなければなりません。「個」の力を出せるようになれば道はどんどんひらけていきます。

このタイプの人が運を落とさないようにするには、ライバルを刺激しないことが肝要となります。こちらはライバルともなんとも思っていないのに、敵視されることが多いのです。足を引っ張るタイミングをはかっている人もいます。

個性を大切にし、実力バリバリで活躍する、そのあまりにも堂々とした雰囲気が反感を買ってしまうのですね。嫉妬をされる人が多いのもケンタウルス座の特徴です。この星座の人は周囲が腰を抜かすくらいの大成功をおさめる可能性を秘めていますから、やりたいことがあれば挑戦してみることをおすすめします。

ケンタウルス座の占いは**129ページ**につづきます

宇宙運命数4

アンドロメダ座

――波乱万丈タイプ

アンドロメダ座の人は、ジェットコースターのような波乱万丈の人生を送る傾向にあります。会社を経営して大金持ちとなり、何億ものお金をつかんだかと思うと、一転してその会社が倒産、一文無しになる、あるいはその逆で、無一文から身を起こし、大成功をして優雅な余生を送る……と、ここまで高低差がある人ばかりではないのですが、このようなジェットコースター的人生を送ります。

ジェットコースターというと、山があって谷がある、そこでストップせず、また山に登って谷へと下る、そしてまた上昇する……というのが皆様が持っているイメージだと思います。

幾度も山と谷を経験する人生なのだろう、と考えるかもしれませんが、この山と谷の回数は人によります。たった1回きりの山と谷で済む人もいれば、人生で何回も上り下りを繰り返す、という人もいます。高低差も人それぞれですから、前述の無一文から大金持ちになる人もいれば、そんなに大きく上下しない人もいます。

人生そのものがジェットコースターになるのが普通ですが、なかには精神的なジェットコースター人生になる人もいます。こちらは金銭面など環境ではまったく上下しない人生なのですが、気持ちのうえでつらい時期と幸せな時期の変動が激しく、言わば、心のジェットコースターです。


「え？　ということは、私は今、幸せだから近い将来、下降していくの？」と不安になった方がいらっしゃるかもしれません。が、どうぞご安心ください。

アンドロメダ座の人のジェットコースターは、「山」のところで停止するという運命になっています。ですから、もしも今が「山」でしたら、その状態で波乱万丈は終わり、という可能性があります。逆に今がとても苦しい時期だという人は、必ず上昇します。基本的には、「谷」で停止する運命ではないからです。

どん底と思える状態にいるのであれば、その谷を出て山の部分になったところで、ジェットコースターは止まります。アンドロメダ座ではない人が、このような上下の激しい人生になってしまうと、「谷」で止まってしまうこともありますが、この星座の人はその点では安心して大丈夫なのです。

言い換えれば「終わり良ければすべて良し」タイプです。

数としてはそんなに多くありませんが、別バージョンの波乱万丈の人もいます。人生自体はそんなに大きく波を描くわけではなく、精神的にも安定した人生だけれど、人生の途中で仕事がまったく違うものになるという人です。

エンジニアなどのサラリーマンからいきなり農家に転身する、美容師から僧侶に転身する、実業家から漫画家になるなど、周囲がビックリするほどの、まるっきり違う職業に変わります。年齢に関係がありませんから、定年後にいきなりテレビに出るような有名人になるなど、人生がコロッと変わるのです。

この星座の人は人生において、何かの部分で振り幅が大きいのが特徴です。刺激のある人生とも言えます。苦しい時代があっても、次のお楽しみが〝必ず〟ある人生であり、そういった意味では1度の人生でたくさんの経験ができるイベント満載の人生です。

「山」が来た、と思った時に、〝気持ちを込めて〟時空にたくさんの感謝をすることが、運をひらくポイントです。この「山」で止まってくれてありがとう！　と喜びの感情を込めてお礼を言います。すでに止まったと〝本気で〟決めつけてサッサと感謝をすることで、時空に誤認識をさせるのです。そうすると、本当にその「山」でジェットコースターは止まります。そこから先は幸せのままで人生が進んでいきます。

「谷で長く止まったままなのですが……」という人は、止まったジェットコースターの車輪がスムーズに動き始めるように、少し押してあげるといいです。それには、さきほど書いたように時空に誤認識させる方法を使います。

「谷」だという状態の中でも、自分が「幸せだな〜」と〝心から思えること〟を探してみてください。たとえば、コンビニスイーツの新商品を食べるとか、大好きなアスリートの活躍をテレビで見るとかです。そこで「あ〜、私は幸せだ〜！」と〝リアルな感情〟を伴った状態で、思いっきりその瞬間の幸福を満喫します。

これを繰り返しているとジェットコースターは、「運が上向き始めたのだな」と勘違いをします。すると、また上に向かって動き始めます。

「谷」が病気という人もいますが、気持ちが落ち込むと精神的波乱万丈も加わってしまいますので、二重にしんどくなります。なるべく明るくとらえて、治る治ると笑っていれば、ジェットコースターはまた上昇を始めます。
最後は必ず「山」になる、それがアンドロメダ座であり、ほかの星座にはないお得な特典となっています。

アンドロメダ座の占いは**137ページ**につづきます

宇宙運命数5

オリオン座

――鯉の滝のぼりタイプ

中国の黄河中流にある急流を「竜門」と言い、ここをさかのぼった鯉は龍になる、という伝承があります。(『後漢書』李膺《りよう》伝より)

この星座の人はまさにこの「鯉の滝のぼり」タイプです。自分で夢をつかみにいく、自分の力で頑張って夢を叶える、そのような人です。今は鯉なのだけれど、いつしか龍になることを夢見て滝を必死でのぼります。

周囲からは「鯉が龍になれるわけないじゃ〜ん」などと馬鹿にされます。魚である鯉が大空を泳ぐ龍になれるはずがない、と普通の人は考えますが、それでもオリオン座の人は自分の夢を信じて頑張ります。激しい急流の水に流されても、渾身の力をふりしぼってのぼっていくのです。そしてついに伝説通り、神々しい龍となり、大空を悠々と泳ぐ……そのようなタイプです。

成し遂げるための努力を惜しまない根性と、コツコツ頑張る真面目さもあります。負けず嫌いの部分も非常に強く、それが原動力になっている人もいます。

やっとの思いで龍になった……といっても、つまり成功をおさめた、そのあとも、オリオン座の人は努力を怠りません。ですから、信頼もあります。

困難に立ち向かって突破するという人生、これが基本形です。その困難が人によって変わってきます。金銭的困難だったり、派閥争いだったり、なかなか上に認めてもらえないとか、誤解をされる、イジメに似たような扱いを受けるなど、「くじけるなと言われても無理です」というようなものが襲いかかってくることがあります。

しかし、最終的にはその困難を打ち破って龍になりますから、なるべく心にダメージを受けないようにして進むのがベストです。気に病んでくよくよしてしまうと、滝のぼりが一時休止状態になってしまいます。心が元気でなければ、滝をのぼることはできません。

運をひらくポイントは、ここにあります。気弱になったり、必要以上に落ち込んだりというような沈んだ気分を〝持続させないように〟します。何かつらいことがあって、暗い気持ちになることは避けられませんから、そのような時は一旦思いっきり落ち込んで、「ハイ、ここまで」と切り替えるようにすると、運を落とさずに済みます。鯉の滝のぼりというと、ものすごい根性と血のにじむような努力が必要かもしれない、そのようなハードな毎日をおくるのはしんどい、と躊躇《ちゅうちょ》してしまう方がいらっしゃるかもしれません。

しかし、これは生まれ持ったタイプなので、やろうと思えばできます。今までそのような経験がなくて、頑張ろうと思ったことがないという方は、本気になれるものに出合っていないと思われます。自分が本気で「この分野で活躍したい！」「この仕事で出世したい！」と思えば、本来持っている力がむくむくと湧き上がって、頑張れるようになりますし、そんなにハードな努力や根性は必要ないというのが現実です。

なかには「龍なんぞになって、大空を泳がなくてもいいです」という方や、龍になることに興味がない方がいらっしゃると思います。そのような方は、鯉のような落ち着いた人生を選ぶこともできます。そちらはそちらで、のんびりと池の中を優雅に泳げますし、急流をのぼらなくてもいいのですから、しんどくない平和で穏やかな人生になるかと思います。

「人生一回きりだし、龍にチャレンジしようかな」と思っても、「努力が苦手なんです」という方がいらっしゃるかもしれません。

努力は訓練をすればできるようになります。たとえば、毎朝10分早く会社に行くと決めて、それを毎日毎日やり続けるとか、習い事を始めて週1回のお稽古を休むことなく通うとかです。努力が苦手だと思っている人も、実はコツコツと訓練をしています。毎日会社に行くという、そのこと自体が努力の訓練のようなものです。毎日家族のために手料理を作ることも、せっせと努力をしているのです。

コツコツと何かをやり続けることは努力なのですが、ほとんどの人が気づいていません。でも立派な努力です。ですから、ご自分が普段やっていることの形を変えたもの、と考えると挑戦しやすいかもしれません。

目指す方向でその努力を使ってみてください。自分が龍になるタイプだと自覚できるはずです。しんどかったら滝のぼりはあきらめればいいや、と軽い気持ちで挑戦するのもいいと思います。滝のぼりは中流あたりが一番つらいかもしれません。激しい流れなのに自分の力のみでのぼらなければいけないからです。そこを頑張れば、誰もが憧れる、大空を自由に泳ぎまわる龍になれます。

龍になれるのは、10タイプの中のたったひとつ、オリオン座だけです。「そんなの無理」とチャレンジせずにあきらめるのは、非常にもったいないように思います。

オリオン座の占いは**145ページ**につづきます

宇宙運命数6

おおいぬ座
――ダイヤモンドタイプ

おおいぬ座の人は持って生まれた「何か」が突出しているタイプです。その「何か」は人の何倍も何十倍も優れていて、驚くほどキラキラと輝いています。言ってみればダイヤモンドをひとつ持っている、そんな人がおおいぬ座の人です。

この完成度の高い「何か」……ですが、1人がいくつも持っているのではなく、多くの人の場合、〝ひとつ〟となっています。抽象的に説明するだけではわかりにくいので、具体的にどのようなものかを説明しますと……（以下に書くものは、このようなものという「例」です。これを全部持っているというわけではありません）。

・まずは、運動神経です。

スポーツにおける能力に優れ、運動神経が飛び抜けて発達しています。野球、サッカー、水泳など、どの競技にマッチした才能なのかは人によりますが、練習をサボらずに頑張ればオリンピックに出られるクラス、プロになれるクラスの才能を持っています。

・優秀な頭脳です。

勉強が得意です。怠けずに勉強をすればどの分野でもトップになります。研究者として成功したり、新種の生物を発見したり、難治である病気の治療法を考えついたり、歴史を変えるような論文を発表したりします。最先端の科学技術の開発に携わるなど、専門的な仕事に従事する人もいます。

・創作の才能です。

何もない「無」の状態から、いろいろなものを作ることができます。芸術の分野で言えば、小説を書く、曲を作る、絵を描くなどがあります。映画を作る、ゲームを作るなどのエンターテインメント方面でも活躍できますし、会社だったら人が思いつかない新しい企画を考案できる、新商品を次々と開発するなどがあります。特許を取れるようなものを思いつくこともあります。

・顔や容姿の美しさです。

美人、美男という顔の作りが整った人、スタイルが美しい人などがいます。美人美男なので、俳優になる、女優になるという人がいますし、容姿端麗でモデルになるなど、顔や容姿での仕事が舞い込みます。美人であるため、縁談話なども多く、玉の輿《こし》に乗る人もいます。

・世渡り上手です。

世間をうまく泳ぎまわれるということは、生きていくうえで非常に心強い武器を持っているということです。それを生まれながらにして持っています。自分にとってプラスになる人を見抜き、うまくお付き合いをしていきます。マイナスになる人とは、上手に距離を取る能力もあります。その際、相手に恨みを買わないようにする方法も知っています。人付き合いの天才とでも言いましょうか、そのあたりが上手です。人にやっかまれたり陰口を叩かれたりすることがほとんどない人です。

さを失わない人です。

・天然タイプです。
いわゆる天然と呼ばれる人で、誰からも無条件で好感を持ってもらえます。失敗をしても笑って許してもらえますし、どんなに年齢を重ねても、少年少女のような純粋さを失わない人です。


ざっといくつかの例を書きましたが（ほかにもあります）、このように突出したダイヤモンド並みに燦然《さんぜん》と輝く「何か」をひとつ持っています。それを上手に利用することで人生がうまくいきます。

自分のダイヤモンドがわからないという人は「知る」ことから始めます。探すポイントは、自分の良いところを〝低く見ない〟ようにすることです。

「これは違うよね」

「これもそこまですごいってわけじゃないし～」と自分で否定をしないことが大切です。考えるのはタダですし、頭の中を人に見せるわけではありませんから、「もしかしたら私のここがすごいんじゃない？」というふうにポジティブに考えます。

あれこれといくつも考えていると、「わかった！　これだ！」というものが見つかります。
見つけたらあとはちょっと、その部分で努力をしてみると、ダイヤモンドが磨かれてキラキラ輝き始めます。ビンゴ！　だった場合、そこから面白いように人生がひらけていきます。

おおいぬ座の占いは**155ページ**につづきます

宇宙運命数7

ヘルクレス座 ——ボスタイプ

ラッキーセブンを宇宙運命数に持つ人はボスタイプです。かっこよく言うと武将タイプです。人の上に立つ、人を引っ張っていく、そのような人です。兄貴姉御肌タイプと言い換えることもできます。

起業をして、雇った社員を引っ張っていく経営者になる、出世をして、大勢の部下を引っ張っていく会社のトップになる、いろいろな産業やさまざまな分野において、あとに続く者を牽引《けんいん》していくエキスパート・重鎮になる、政治家になって、国民を引っ張っていく……などに代表されるような、リーダーとなる役目を持って生まれています。

仕事関係だけでなく、サークルなどの人の集まりにおいてもリーダーシップを発揮します。自分からリーダーを買って出る人もいれば、まわりに頼まれて仕方なくという人もいますし、気がついたらいつの間にかリーダーになっていたというパターンもあります。

頼りにされて、慕われるヘルクレス座ですが、本人は弱音を吐けないタイプであり、人に頼ることが苦手なため、悩みは自分1人で解決する人が多いです。


「私は人を引っ張っていくようなボスタイプではありません」

「人の後ろをついていくような性格です」という人がいるかもしれません。ボスタイプには大きな特徴が2つあります。ひとつはさきほど書いたように、「人の上に立つ、人を引っ張っていく」です。

こちらが前面に出ている人が多いのですが、もうひとつの「思いやりが強く、優しい」という特徴が前面に出ている人もいます。こちらは裏タイプとなっています。

人の上に立つボスは、これをしろ、あれをしろと、上から命令しているだけ、ただ威張っているだけでは人はついてきません。偉そうにふんぞり返っているだけのボスだったら人は次第に離れていって、やがて誰からも見向きもされなくなります。そのような人は持って生まれたボスタイプではないのです。

ヘルクレス座の人は真のボスタイプですから、ボスとしての資質を持っていて、その資質の中のひとつが、「思いやりが強く、優しい」なのです。天から与えられた役目として上に立つ人は、自分を慕ってくれる人、自分の下についてくれる人を大事にします。

世間には自分の体裁や利益を優先して、下の者を犠牲にする人がいますが、それはボスのすることではありません。ヘルクレス座の人は、基本的にそんなことはしませんし、下の者の苦悩や失敗などを親身になってサポートする優しさがあります。面倒見がいい人とも言えます。

ボス度が高い人は、自分のことを脇に置いてでも、人の面倒を見ます。自分を慕ってくる人、自分の下につく人が困っている、悩んでいるとなれば、放っておけないからです。

「先輩、今度の日曜日、引っ越しをするんですけど、手伝ってくれる人がいなくて困っているんです」などと言われようものなら、自分の用事はそっちのけで手伝いに行く、そんな人です。面倒見が良くて優しいため、頼ってくる人を無下にできず、借金を申し込まれると、つい貸してしまうのもこのタイプです。

「どうしよう、断れない……」という弱さからくるのではなく、「自分がなんとかしてやらなければ！」というボス気質からくるものです。火中の栗を拾う人が多いです。自分は、人の上に立つリーダーじゃないような気がするという人は、今述べたもうひとつの面（優しさ）のほうが前面に出ていて、それによりリーダー面が隠れてしまっています。

人生をひらくコツは、本来のタイプであるリーダー面を前面に出します。まず、小さなリーダーからやってみると感覚がつかめます。飲み会の幹事をやってみるとか、同窓会を企画して開催するとかです。

「それも私には無理〜」と思われれば、もっと小さな単位でもかまいません。3人以上いればそこで「今度、ごはんを食べに行かない？」と誘ってみることから始めてはいかがでしょうか。小さな集団であっても、リーダーはリーダーであり、何回かやってみると、もともと持っているボスタイプが目を覚まします。

そうなると裏タイプから、本来のボスタイプに変わりますから、そこから次第に人生がひらけていって、成功へと繋がります。自分の会社を持つ、役職につく、政治家になる、人々を啓蒙する、または指導する立場になるなど、人の上に立つ方向だと成功率はさらにアップします。

ヘルクレス座の占いは163ページにつづきます

宇宙運命数8

はくちょう座――ステップアップタイプ

はくちょう座の人はステップアップタイプです。人生で起こる大きな出来事が転機となり、その節目節目で徐々に運がひらけていきます。

たとえば、小学生の時に両親が離婚をしたとします。母親側について引っ越しをすることによって通う学校が変わり、自分を取り巻く周囲の人々が変わります。そこで将来の夫もしくは妻と、同級生として出会うかもしれませんし、生涯付き合うことになる友が転校先にいるかもしれません。人生の方向を決定づける貴重なアドバイスをくれる恩師との出会いが待っている可能性もあります。

節目となる出来事……両親の離婚がなければ、出会えなかった人たちであり、出会ったことによって、良い方向へ運がひらけていきます。

人生を賭けた就職活動に失敗をするという出来事もあると思います。不幸なことのように思うかもしれませんが、入社した別の会社で自分でも気づくことができなかった隠れた才能が芽を出すかもしれません。その結果、上司だけでなく社長にまで頼りにされて、大出世をしたりします。結果的に大活躍ができる舞台となったわけで、就職活動を失敗した出来事は転機であり、節目だったということです。

良い悪いに関係なく、人生で起こる大きな出来事……たとえば、結婚、離婚、家の購入、遠方への引っ越し、などのことが転機となって、そこから運が上昇していくタイプです。


この上昇速度には個人差があります。なかには、たったひとつの出来事で運が急上昇するという、なんとも羨ましい人がいます。人生が良いほうへ急展開していく様子は、エレベーターに乗ってノンストップで最上階に行くようなもの、と思っていただければ近いです。

このエレベーター型の人は、言ってみれば「一発逆転タイプ」です。人生の途中で起こった出来事がきっかけとなり、それまでの人生とはオサラバ、どんどん上昇していきます。

エレベーター型ではなく、ひとつの出来事でちょっぴり、また次の出来事で少し、というふうになだらかに上昇していくエスカレーター型の人もいます。エスカレーター型だと、最上階に行くためには途中で別のエスカレーターに乗り換えなければなりません。人生のいくつかの出来事で徐々に運が上がっていくことになります。

エスカレーター型の人が突然エレベーター型に変わることもあります。いずれにしても何かの出来事がきっかけとなって運がひらけていくというわけです。

「大きな出来事はたくさん経験していますが、運が良くありません」という方は、出来事がきちんと転機になっていないと思われます。転機になるべきところなのに、なっていないのですから、時空に調整をしてもらう必要があります。

〝出来事が起こった時に〟自分にできることをして、「気」の流れの方向を変えることが、一番簡単なやり方となります。女性でしたら、ヘアスタイルを思いっきり変える、スカートばかりはく人はパンツに変えてみる、口紅の色をガラリと変える、などが効果があります。

男性だったら、ヒゲを伸ばすことが一番効果的なのですが、お勤めされている人は難しいかもしれません。あとは女性と同じくファッションかヘアスタイルを思いっきり変えます。眼鏡をフチありからフチなしにして、顔の印象を変えてもいいです。

さらに、「別人に生まれ変わった！」という〝感覚〟を強く持つことも大事です。


「私の人生は平凡で、大きな出来事というものがありません」

「今後もないような気がします」と思われた方、大丈夫です。その出来事は自分で起こすことができます。

まず、転職を計画中の人は、その転職がきっかけになるかもしれません。職場を変えることは、1日のほとんどを過ごす場所、環境を変えることですから、それが節目になることが多いです。専業主婦の人がパートに出るなども大きな出来事ですし、転居してみるのもいいと思います。

自宅でお店をやっていて引っ越しや転職ができない、夫婦ともお店で働いていて何かの出来事を起こすことが難しいという場合、店内の内装を変えて「お店が変わった」と時空に誤認識してもらうという方法があります。

内装といってもお金を出して、壁紙だの照明だののなんだのを大がかりに変更しなくても、テーブルや店内の飾りの位置などを一気にガラリと変えれば「お店が変わった」と認識してくれます。入った常連さんが「あら？　違う店に入ったのかな？」と思うくらい、配置を変えれば十分です。

「私は会社員ですから、そのような手が使えません」という方は、お部屋を同じように、まったく違う部屋に変えるといいです。ベッドの位置からインテリアまですべてを配置替えして、「違うお部屋にしました（引っ越しました）」と時空に認識してもらいます。大規模な模様替えは手間がかかりますし、面倒でしょうが、それが転機になれば運はひらけていきます。

はくちょう座の人は何かの出来事がきっかけとなって、運のエレベーターかエスカレーターに乗る、そのような成功タイプとなっています。

はくちょう座の占いは**171ページ**につづきます

宇宙運命数9

ペルセウス座――ラッキーパーソンタイプ

一番大きい数9を宇宙運命数に持つ人は、汗水たらして特別にガツガツとド根性を出して努力をしなくても、フッと良い流れに乗れるタイプとなっています。落ちているツキを知らず知らずに拾うと言いますか、小さなツキに恵まれることが多いです。ペルセウス座の人は真珠のようなツヤツヤした輝きを持つツキを常にいくつか持っている状態です。なかには水晶玉のような、ドーンと大きいツキに恵まれる人もいます。

ツキを言い換えると福運ですが、この福運をかき集める、手に入れるのは、なかなか難しいものです。みんなが四苦八苦してなんとか福運を手に入れようと、縁起をかついだり、ラッキーアイテムを身につけたりしているのに、気づかないうちに拾って何個か持っている、そんなラッキーパーソンと言えるのがペルセウス座の人なのです。

福運の小さな一粒の効力は、たとえば、商店街の福引で、日帰り温泉の無料券が当たった……くらいのラッキーさです。しかし、小粒でもいくつかの粒が集まって一斉に効果を発揮すると、ショッピングモールの福引でペアのハワイ旅行が当たった、というくらいラッキー度が跳ね上がります。ペルセウス座の人は持っているこの福運を上手に使うことで成功します。

人生にはところどころに岐路があります。Aに行くか、Bを選択するか、Cに進むかで未来が変わってきます。

どれを選べばいいのか……と大抵の人は深く悩み、悩みすぎて立ち止まるところ、ペルセウス座の人は岐路だと気づかないまま、直感で……ご自分では直感だと思われているかもしれませんが、実は持っている福運の作用で、道を選んでいます。「あれ?」と気づいた時はすでにだいぶ進んでいたりします。

しかし、それがベストな選択であるというツキの良さ……それがペルセウス座の人の特徴です。流れに乗って流されるままでいたら、ラッキーという国に着いた、という、努力が苦手な人からすると非常に羨ましいタイプなのです。

具体的な例をあげますと、友人が「動画のソーシャルメディアを始める」と言うので、「じゃあ私も一緒にアカウントを作成してみようかな〜」とアカウントを作ります。「せっかく作ったアカウントだし、ちょっと動画をアップしてみるか〜」と軽いノリで挑戦をしたら、意外と世間に大ウケしてそれが本業になった、という感じです。

友人が懸賞でディナークルーズのチケットをゲットして、「一緒に行こうよ」と誘ってくれます。そんな経験をするチャンスはめったにないし、美味しいものも食べられるし、お金を支払うわけじゃないし、「行ってみるかな〜」ということで参加をしたら、そこに運命の出会いがあってその人と結婚した、などです。

軽く流れに乗ってみただけなのに、持っている福運を使って、または、そこに落ちていた福運を拾って、人生が良い方向に展開していくというパターンです。ただし、あまり気乗りをしない時は、流れに乗るのはやめておきます。イヤ〜な感じがするという直感は正しいからです。

けれど、「やってみてもいいかな」という波が向こうから来た時は、乗ってみるとツキのある方向へ流れてくれます。

「私の今までの人生はそんなに運がいいとは思えないんですけど〜」という方は、持っている福運をうまく使っていなかったと思われます。流れに乗るか乗らないかは自分の選択ですから、せっかく乗れていた場面なのに、乗らずにバイバイしている、というケースもありそうです。

さきほどの例で言えば、動画サイトでアカウントを作成したところまでいっていながら、「どうせ見る人は少ないだろうし、動画を作成することがめんどうくさい。面白そうだけどやめておこう」と、自分でダメだと決めつけてしまって、その先に進まなかった、というパターンです。

「ディナークルーズって、何を着ていけばいいのかわからないし、コースのお料理も食べたことがないから、気後れする。行ってみたいけど……やっぱりやめておこうかな」と、こちらも内気な考えで避けたりします。

流れに乗るためには、流れに逆らわないことが大事です。ペルセウス座の恩恵を受け取って人生をひらいていくには、良い流れと思われるものには乗ってみることです（投資話や訪問販売などの一攫《いっかく》千金系儲け話、宗教の勧誘を除きます）。

うまく良い流れに乗れたら、そこからラッキーという国へ行くタイプなわけですから、面白いように人生がどんどんひらけていきます。ただ、明らかにイヤだと思うことは、魂が「ノー」と言っていますからパスしたほうがいいと思います。

ペルセウス座の占いは**179ページ**につづきます

宇宙運命数0

ケフェウス座

カシオペヤ座と北極星の中間あたりに位置している星座です。四角形の上に三角形を載せたような五角形をしており、見やすいのは秋となっていますが、一年を通して見ることができます。カシオペアの夫、アンドロメダの父である古代エチオピアの国王ケフェウスがモデルです。西暦3000年頃からケフェウス座にある3つの星が順に北極星になります。

性格

物事を確実にキッチリと処理をする性格です。仕事に関しても、人に何かを頼まれた時も、適当にすることができません。「そこそこやっておけばいいだろう」と、手を抜いていい加減にすることが苦手ですから、しんどい時も多いはずです。キッチリやってすごいと思われたいとか、自分の株を上げたいという下心があるわけではなくて、正確にやり遂げたいと思ってしまう性格なのです。

お店などで顧客カードを作る際にアンケート用紙を渡され、質問数が半端なく多いものだったとしても、ケフェウス座の人は全部の質問に真面目に答えます。「こんなんいちいち全部答えられへんわ」と適当に飛ばすことができないのですね。

この「真面目」というのは、一般的な意味とは少しニュアンスが違っているかもしれません。

たとえば戦国時代、軍師が戦略を練る時は、敵と味方の人数をはじめ、地形、陣形、武器や馬の数、兵糧《ひょうろう》、天候、兵士の士気などの要素を把握します。加えて、寝返りそうな敵将に裏から手をまわすという策略をめぐらしたり、あらゆることをもらすことなく真面目に考えます。「どれかひとつくらい抜けてもいっか〜」というういい加減なことはしません。そこはキッチリ真面目に情報を精査して考えるのです。

ここでいう真面目とは、賭け事をしないとか、お酒を飲まないとか、仕事が終わったらまっすぐ帰宅するとか、そういう意味ではなく、いろいろな物事に対して「ちゃんとしなければ」「ルール（セオリー）通りにしなきゃ」と思う……その気持ちが強いことを言っています。

ですから、自分では「そんなに真面目じゃないけどな〜」と誤解している場合もあります。しかし、周囲はよく見ていますから、真面目さゆえに信用があります。

素直なところもケフェウス座の魅力のひとつです。性格の芯の部分がねじ曲がっていないのです。ですから、インプットもアウトプットもストレートの直球になる傾向があります。たとえば「今日は可愛いね」と言われたら、素直に「嬉しい。ありがとう」と喜べます。「え？　今日？　今日だけなの？　じゃあ、いつもは可愛くないってこと？」などと、うがった受け取り方をしません。ケフェウス座の人と一緒にいると、腹の探り合いをしなくていいので、ホッとする人も多いと思います。

見えなくても神仏を信じられるという信心深い人が多いのもこの星座の人です。根が素直なので、子どもの頃に聞いたおじいちゃんおばあちゃんの神仏話をそのまま信じている、親の信仰心を疑うことなく受け継いでいる、というパターンが多いです。

用意周到に事を進めるタイプですから、どんなことでも、結果はある程度予想がつくわけです。その予想を覆されると言いますか、何か信じられない力が加わって予想外の、ありえない展開になると、そこでいきなり無宗教から神仏の存在を信じるようになる人もいます。一旦信じると、そこは素直で真面目ですから、一生信仰心を持ち続けます。

情には厚いのですが、「ここまで」と思ったら、スパッと関係を切れる合理的な面も持っています。たとえば、「お金を貸して〜」と借金を頼んでくる彼氏に、何回かはお金を貸したりしますが、「あ〜、ダメだ、もうここまでだ」と思えば、自分から別れを切り出します。

「お茶しない？」と誘ってくるママ友がいて、子どものためには付き合っておかなきゃ、と真面目に考え、せっせとお付き合いをするのですが、会うたびにこのママ友はイヤな感じで自慢をし、人を見下します。「へ〜、そうなんだ〜、すごいね」と、最初は真面目に聞いていますが、それがたび重なると「もう、無理。ここまで」とスッパリお付き合いをやめます。

キッパリしているこの部分で、冷たいという印象を持たれることがあるかもしれませんが、我慢の限界を知っていることはとても大切です。自分を守るためには必要なスキルと言えるかと思います。

ギャンブルなどにハマりやすいところもあるため、気をつけたほうがいいかもしれません。理由は、「真面目にハマる」からです。同じく悩む時も真面目に、一生懸命悩んでしまう傾向がありますから、なかなか悩みから解放されなかったりもします。そのような時は「真面目に悩むのはやめよう」とブレーキをかけることも大切です。

♥恋愛運

恋愛に関しては不器用なほうだと言えます。頭の回転が速く、戦略を考えさせたらすごい能力を発揮するケフェウス座ですが、男女間のことになるとなぜかこの能力が生かされないのです。相手の気を引こうと思わせぶりな態度を取るとか、自分をさりげなくアピールする、気を持たせるなどの駆け引きがうまくできないのですね。

モテないわけではありませんから、ストレートすぎるところをちょっとゆるめるといいです。たとえば、相手はまだお付き合いまで考えていない、でも好意はありそうという場合、「付き合いたい」という思いを前面に出すのはマイナスです。この人と話をすると楽しいな〜、と思ってもらえる状態をもっと充実したものにすることに集中したほうがいいかもしれません。

彼氏がなかなかプロポーズしてくれないという人も、ストレートに「結婚したい」

という思いを表に出さないようにしたほうがいいと思います。女性が夢見る結婚と、男性が考える結婚の〝責任〟はまったく種類が違いますから、そこをストレートに押してしまうと変なプレッシャーになってしまうのです。素直でストレートな部分は「好き」という気持ちを表す方向に使うようにします。

何人もの人と恋愛を楽しむタイプではないので、いい人が現れたらあれこれ吟味せずゴールインしたほうがいいかもしれません。ちょっとした遊びのつもりで始めた浮気が、浮気で終わらないタイプです。本気になってしまいますから、そこは十分お気をつけください。

¥ 金運

お金に関しての特徴は節約が上手なことです。その場の気分や見栄でお金を使うことが少ないためです。たとえば、コーヒーを飲もうと入ったカフェが想像以上に洗練された店内で、そこでお茶をしている人たちもすごくオシャレ……という時に、まわりの雰囲気に合わせて「じゃあ、ケーキセットを……」などと、食べたくもないケーキを注文したりしません。

使えるものは壊れるまで大事に使いますし、ものを大切にする心も持っています。ケフェウス座だけど、お金を右から左にバンバン使ってます、という人はストレス解消を別の方法ですることをおすすめします。

小さなお得を素直に喜べるのもこの星座の人が多いです。一定金額以上の購入をしたらもらえるプレゼントにウキウキしますし、通販で購入して店頭で買うより安かった場合、その差額にワクワクしたりします。新品にこだわりがありませんから、中古でお安くいいものを手に入れることも多いです。

2019年はお金に愛される年になります。

その幸運をのがさないためには、無駄だと思われるところにお金をそそぎ込まず、節約をすべきところはしっかりとします。お金は、自分の価値を無視したような無駄な使われ方を嫌います。自分はお金に支配されるのではなく管理する側である、という意識を持つことが2019年のポイントです。

❗ 2019年のひとことアドバイスと開運ポイント

恋愛運 良い流れに乗れる年ですから、深読みさえしなければ心配はいりません。

仕事運　積み重ねたものが実を結ぶ年となります。これまでの努力が報われます。

健康運　過労にお気をつけください。自分では気づいていない疲れがあるようです。

2019年のラッキーカラー　オレンジ色

2019年の開運キーポイント　肌感覚

肌触りが最高だと思える高級タオルを1枚購入します。バスタオルでもフェイスタオルでもかまいません。それを日々使っているタオルのローテーションの中に組み込みます。多くは必要ありません、1枚でいいのです。何日かに1回、その高級タオルがまわってきて、体や顔を拭く時に「肌触りいいな〜」「心地いい〜」と感じる、その感覚が開運を呼び寄せます。

全部を高級タオルにしてしまうと、普段の感覚が消えてしまいますから、1枚だけで十分です。タオルだと家族みんなが勝手に使うこともあるからすぐにヘロヘロになってしまうんです、という方は、フンパツして生地の良いパジャマでもいいです。要は時々、普段と違うほわ〜っとする優しい肌感覚で幸せを感じることが大事なのです。

宇宙運命数1

ペガスス座

ペガスス座は秋の宵に南中する星座です。この星座の一番の特徴は「秋の大四辺形」という大きな四角形を持っていることです。4つの星で形作られていますが、その中のひとつはアンドロメダ座のアルファ星です。この星座のモデルはギリシア神話の翼がある神馬、ペガソスとなっています。ペガソスはペルセウスに退治されたメドゥーサの血から生まれています。

性格

ひとことで言えば、大胆で度胸がある、それがペガスス座の人です。たとえば大勢の前で何かを発表しなければいけない時、ビビるタイプの人はあがってしまって頭が真っ白になります。なかにはブルブル震えたりする人もいると思います。しかしその横で、どうやって笑わせようかな～、どのネタでウケようかな、と考えているのがペガスス座の人です。

絶叫系アトラクションにも尻込みせず、バンザイのポーズで乗ったりしますし、ここがチャンスと思う場面では臆せず一発芸などを披露する度胸の良さもあります。

ほとんどの人が消極的になってしまうようなことでも「やってみなきゃわからない」と挑戦できるのがペガスス座の人なのです。バンジージャンプのようなことから、留学をするとか、自分の手で家を建ててみるとか、そのようなことにチャレンジできる大胆さが魅力となっています。


ビビることがめったにないため、落ち着いて行動ができます。これも長所のひとつです。しかし、ビビることによって自分を抑える部分が少ないので、調子に乗りやすいところがないとは言えず……そこだけが玉にキズかもしれません。

「私はペガスス座ですがビビリです」という方は、どこかで受けてしまった心の傷、トラウマの影響が大きいと思われますので、そちらのケアをすることが先決となります。持って生まれた性格はビビリではありません。

気分屋ではない、ということも大きな魅力のひとつです。

些細《ささい》なことで「ムッキー！」と怒ったり、イライラしたり、人に当たり散らしたりしないというのが、本来の性格となっています。感情がほぼ安定していると言いますか、激しく上下しないのです。
「なによ、あの人、腹立つわー」と思う時も、人間ですからもちろんあります。しかし、思いっきり腹が立ったとしても、その怒りが持続しないのですね。ネチネチと恨みがましく、いつまでも同じ温度でしつこく怒っていることがありません。

普段はそのような感じですが、とても強いストレスがかかった場合のみ、どっかーん！　と、一気に爆発することがあります。その時は火山の噴火並みに爆発しますから、周囲は驚くと思います。普段は短気ではないため、「うわ〜、突然、どうしたの？」と、周囲の人はわけがわからない、という状態になるかもしれません。しかし本人の中では、爆発はそれなりに理由があるのです。普段は抑えているぶん、怒ると怖い人という印象を持たれます。

この星座の人で、常時イラついている、些細なことで腹が立って仕方がないという方は、ストレス解消に努めることをおすすめします。せっかくの長所が台無しになってしまうからです。ペガスス座の人は静かなストレス解消法が効きます。お友だちとワイワイ騒いだり、カラオケで熱唱するよりも、雰囲気の良いカフェでお茶を飲むとか、美術館などで質の高い芸術にふれるとかです。

大胆で度胸があるため、1人で雄々しく生きていきそうなイメージですが、ペガスス座の人は人一倍寂しがり屋な面を持っています。孤独が苦手ですから、誰かと一緒にいたいという気持ちが強いタイプなのです。

離婚をしても、すぐまた次の人を見つけて再婚をする人が多いです。別れて1人ぼっちになることを恐れて、そんなに好きではない彼氏だけど別れられない、という人もいるかもしれません。腐れ縁で彼氏と繋がっているとか、長い春のままで交際しているという人が多いのもこの星座の人です。

男性はそうでもありませんが、ペガスス座の女性は気が強い傾向にあります。

♥恋愛運

恋愛に関して言えば、大胆な性格そのままで当たって砕けろタイプです。「好き」という気持ちを内に秘めることが苦手です。成就する恋ならサッサと実らせたい、ダメならダメで早くあきらめたいという考え方をする人が多いです。機が熟していないのに大胆に告白をして、失敗することもあるでしょうが、意外とガッチリ成功をつかむ、という場合もあります。

寂しがり屋さんですから、彼氏彼女がいない状態を特別、心細く思う傾向にありま す。誰かと一緒に人生を歩みたいという願望が人より強いことも特徴です。それが叶っていない状態、つまり彼氏彼女、もしくは夫や妻がいなかったら、自分は不幸だと思い込んでしまう部分がありますからお気をつけください。一生このままなのだろうかと考え、暗澹《あんたん》たる気持ちになって落ち込んだりもするでしょうが、ソウルメイトがまだ現れていないだけの人も多いので、悲観する必要はありません。

寂しさから、終わった恋愛を忘れられず、なかなか次にいけない人もいますし、逆に、よりを戻す人も多いです。

告白をする際には時期を見きわめることをおすすめします。相手の気持ちが固まりつつある、しかしまだ、お互い交際を申し込むまではいっていない、そんな時はじっと待ったほうがいいです。時期がまだなのに告白をしてしまうと失敗する可能性があるからです。

もう少し待っていれば成功していたのに……ということもペガスス座の人にはよくあることなので、そのあたりを知っていれば成就率が高くなります。

¥ 金運

金運に関しても、大胆に使うのが特徴です。いきなり家を買ったりするタイプなのです。ほかの星座の人は大きな買い物をする時は寝ても覚めても考えまくり、悩みまくりで、シミュレーションを何度もやって、それでも決心がつかない人もいたりするのですが、ペガスス座の人は「あ、このマンション買えるわ~。じゃ、買おうかな」と、え? 考えたの、たったそれだけ? と驚くような決断をすることがあります。

人におごったりする時も「これくらいならいいか」と、持っているお金で余裕だと思う金額全部が上限となっています。たとえば5万円持っていて、4万7千円まで使っても帰宅できるとなれば、その上限までおごったり使ったりする傾向があります。今月は生活費が3万円余ったな~、と思えば、ポーンと3万円のお洋服を買ったりするのです。ビビリではないことが裏目に出てしまうのが、金銭面での弱点と言えます。

そんなペガスス座の人の、2019年の金運は悪くありません。お金が貯まる年となっています。ですから来年に限り、大胆な使い方をするのはちょっと我慢してみてはいかがでしょうか。派手に使うこと(浪費という意味ではありません)を控えると、もともと貯まる年となっていますから、ますます勢いがついてばんばん貯まっていきます。

キーポイントはお財布に大きな金額を入れないこととなっています。

❗2019年のひとことアドバイスと開運ポイント

恋愛運 思いがけず良い縁が舞い込んでくる年になります。

仕事運 多忙な一年になりそうです。任される仕事がレベルアップしていきます。

健康運 ストレスがシミや湿疹《しっしん》として肌に出るかもしれません。上手に発散することをおすすめします。

2019年のラッキーカラー 青

2019年の開運キーポイント 色感覚

ペガスス座の人の来年のラッキーカラーである青を、玄関にひとつ置きます。小さな置物でもいいですし、壁に掛けるものでもいいです。全部が青でなくても、たとえばお人形なら上着が青とか、帽子が青というように、どこかに青が入っていれば問題ないです。ラッキーカラーを玄関に置くことで、出入りする時に色を感覚として認識します。その感覚が福を呼び込みやすくします。方位は関係ありませんから、玄関のどこに置いても大丈夫です。

宇宙運命数2

こぐま座

一年を通して北天に見ることができ、北極星を含んでいる星座として有名です。おおぐま座の中にある「北斗七星」の小型版のような形をしています。ギリシア神話では、父がゼウス、母が妖精カリストという猟師アルカスが、天に上げられてこぐま座になったとされています。日本では昔、北極星のことを「北辰」や「妙見《みょうけん》」と呼んで信仰している人もいました。

性格

あっけらかんとサッパリした人が多いです。お腹の中に何もない人とでも言いましょうか、悪気がない人です。

たとえば、久しぶりに会った友人に「お互い、年を取ったよねぇ。シワもできちゃって～」などと、にこにこして言ったりします。言われたほうはアンチエイジングを一生懸命していたりして、「ンモー」と思うかもしれませんが、こぐま座の人にまったく悪気はありません。

「あれ？　以前に会った時より、太った？」と、あっけらかんと聞いたりもします。本人が細かいことにこだわらない明るさを持っているので、相手も同じだとつい勘違いしてしまうのです。

太ってしまったことをうじうじと暗〜く悩むよりは、「この年になっても成長しちゃって〜、アハハ」と笑い飛ばすほうが、人生は断然明るく進みます。ですから、こぐま座の人のこのあっけらかんとした部分、明るく笑い飛ばせるポジティブな部分は、見習ったほうがいいのですが……人によっては、理解ができなくて怒ったりすることがあるかもしれません。

自由な発想、自由な行動ができるのもこぐま座の人の特徴です。

人は、環境やしがらみにしばられて、自由な発想で行動をすることができません。型にはまった思考しかできない人がほとんどだと思います。そんな中で、自由にものを考えて自由に行動をする、というのがこの星座の人です。

一番わかりやすい例としては、未婚のシングルマザーでしょうか。古い考えにとらわれていたり、体裁などを考えたりすると、未婚のシングルマザーになる決心はなかなかつかないと思います。でも、こぐま座の人はあっさり選択できるのです。頭が固くないからです。

同じ理由で、正社員に執着する気持ちがない人も多いです。大手企業に勤めていてもあっさり退職したり、正社員にこだわらずフリーターで生きていく人もいます。

型にはまっていない考え方ができる、プラス、自由にやりたいことをやるというタイプなのです。

しばられることを嫌いますから、自分がそのような環境にいる、と思ったら、何が何でもそこから脱出しようとします。仕事にしても、自分が好きでここで働いているという意識でいるとストレスなく働けます。しかし、会社にしばられている、と考えが変わってしまったら、もう長くはいられません。サッサと転職をします。

その転職に関しても、「転職は良くない」というような変に凝り固まった考えがありませんから、自分に合いそうな会社があればそちらに移りますし、この会社は合わないと思えば辞めます。はたから見たら、何度も仕事を変えている人と映りますが、本人には正当な理由があるのですね。

欧米ではこのように自由な生き方をするこぐま座のような人は普通なのですが、日本の中ではわがままととらえる人が、もしかしたらいるかもしれません。注意すべきはこの点だと思います。自由でのびのびしたところが長所なのに、逆に短所として受け取られてしまうことがあるからです。

基本的には、あっけらかんと明るい性格ですが、初対面の人にいきなり自分をさらけ出すタイプではありません。

ある程度慣れるまでは仮面をかぶっている人が多いです。なかには、そのまま仮面の自分を演じ続けてしまう人がいたりもします。他人との距離について言えば、そこは保守的なのです。

でもそれもしばられたくない部分の裏返しであり、自分を守るためですから、無理をして変える必要もなく、大事にしてもいいと思います。

♥恋愛運

恋愛に関して言えば、楽天的に考える傾向にあります。自分が相手を好きだったら、「向こうもこちらを好き」と心のどこかで信じている、そんな感じでしょうか。うまくいくことを信じたい、信じている、なかにはうまくいくことをまったく疑っていないという人もいると思います。

ですから好意を持った相手が別の人を選んでしまうと、お付き合いがまだでも裏切られたような気持ちになって、落ち込んでしまいます。ほかのタイプに比べて、傷つく度合いが大きいです。

自分ではどれだけ相手を想っているのか、自分の気持ちがしっかりわかっていますが、肝心の相手にはまったく伝わっていなかったりします。というのは、うまくいくことを信じているので、伝える努力が少し足りなかったりするからです。何も行動を起こさなくてもうまくいけばそれに越したことはありませんが、気づいてもらえないまま終わる可能性もあります。

自由な発想の人が多いので、ゴールインするには、最低これくらいの期間はお付き合いをしなければという固定観念がありませんから、出会ってすぐ入籍というケースも大いにあります。

¥ 金運

こぐま座の人は金運にも自由な性格が表れています。貯蓄をする、節約をする、細かく計画をしてお金を使う、という型にはまった部分が少ないため、自由に使って、あとで頭を抱えてしまうことがあるかもしれません。

使いたい時に、使いたいものにお金を使う……それが本人の中では自然なことなのですね。

小さくこまめに節約をしてチマチマと貯蓄をする……というのは、お金にしばられているようでちょっぴり苦手なのです。貯蓄のために我慢をしている自分という状態も苦手です。

ですから、貯蓄をしようと思ったら、考え方から変えたほうがうまくいきます。定期的に貯めなければいけない、節約をして浮かせなければいけないという貯め方ではなく、好きな時に好きな金額を別口座や貯金箱に入れて貯金する、というような方法だとストレスなく貯められます。

２０１９年は、こぐま座の人はしみじみとお金のありがたみを実感する年となっています。これにはさまざまなシチュエーションが考えられます。

困った時にどこからかお金が入ってきて助かるとか、何かお金が必要なことがある、もしくは急に高額な買いたいものが出てきた、という場面で「これだけのお金を持っていて良かった〜」と感謝するとかです。ありがたみを実感するのですから、恵まれる方向です。どこからか大金が入って、お金を持つことのありがたみを実感するのかもしれません。

❗2019年のひとことアドバイスと開運ポイント

恋愛運 本人が気づかないところで、意外な人から好意を持たれる年になります。

仕事運 抱えている問題に解決の兆しが見られます。その後は安定した仕事運になります。

健康運 食べ過ぎ飲み過ぎにご注意ください。無意識に食事でストレス解消をするパターンにはまる年です。

2019年のラッキーカラー ピンク

2019年の開運キーポイント 龍の波動

空には龍などの神獣が自由に泳いでいます。神社仏閣ではないところでも、遠出をして来て飛んでいることがありますから、自宅の近辺でもたまに飛んでいます。龍に気づくポイントは雲の形を注意深く見ておくことです。龍自身が雲を形作って存在を知らせていることがありますし、うっかり自然界にある形の中に姿が浮き出てしまうこともあるので、雲をよく観察することは大事です。見つけたら、その姿を携帯やスマホで撮影しておきます。

そして、思い出した時にその写真を見ることが開運に繋がります。見て思い出すことは、その時の空（龍）の「波動」を思い出していることになります。２０１９年は、こぐま座の人は龍の波動に引っ張り上げてもらえる年ですから、効果がとても大きいです。

宇宙運命数3

ケンタウルス座

沖縄県と小笠原諸島の一部を除いて、日本では全体を見ることができない星座です。6月の初め頃に上半分だけを見ることができます。上半身は人間ですが、下半身が馬というケンタウロス（半人半馬族）が名前の由来となっています。アルファ星のリギル・ケンタウルスは三重連星で、その中のプロキシマ・ケンタウリは私たちの太陽のお隣にある恒星です。

性格

ケンタウルス座の人をひとことで言うと、確固たる自分哲学を持っている、です。経験に基づく人生観や世界観がはっきりしていて、考え方にブレがありません。たとえば、ある人にこう言われたから「じゃあ、そうしたほうがいいのかしら……」と迷い、別の人に「違うよ、こうだよ」と言われて「じゃあ、そっちのほうがいいのだろうか」と迷いまくる……ということがないのです。自分哲学に沿って行動をする人が多いです。

「お化粧品だけは高級なものを使う」とか「お米だけは最上級のものを買う」などのこだわりがある人もいます。年に1回、自分へのご褒美として高級ホテルでゆっくりくつろぐことをストレス解消法にしている人もいるかもしれません。

これは物質主義ではなく、ものに執着があるということでもなくて、自分の中にどーんとある、哲学という1本の柱から派生したこだわりなのです。物質に執着しているように見えますが、自分哲学を大事にして生きているというわけで、意味がまったく違っています。

「盗んではいけない」ということでも、世間がそう言うからしないのではなく、警察に捕まるからでもなく、悪いことだからという理由でもなくて、自分の哲学で「それはしちゃダメ」と思うから、なのですね。自分の哲学にあることは、それを貫く強さも持っています。

不倫も「してはいけない」と自分哲学にある人は、どんな場面においてもしません。しかし、自分哲学書にダメと書かれていない人は罪悪感なしにしてしまいます。世間の人がどう考えるとか、ルールがどうとかは、関係ないのですね。それほど自分の中にある哲学に忠実です。

好奇心旺盛なところもケンタウルス座の人の特徴です。好奇心を刺激するものがあれば、目を輝かせて探究します。寝食忘れて……というくらい熱心です。「なぜ?」「どうして?」「面白い!」というものを見つけたら、猪突猛進というくらいその方向に走っていきます。子どもの頃から好奇心が強いので、男の子だったらわんぱく坊主で、あらゆるイタズラをしていたのではないかと思われます。

知的好奇心も強いので、大人になってから熱心に勉強をする勉強家も多いです。なかには未知なるものへの興味が強い人もいて、UFOや地球外生命体などの研究をしたり、幽霊などのオカルト系が好きだったり、神仏を学問として研究する人もいます。

ケンタウルス座の人は、人生を賭けて何か大きなことを一か八かでやってみる傾向があります。世界的なミュージシャンを目指して単身渡米するとか、持っているお金を全部使ってビジネスを始めるとかです。全員が成功するとは限りませんが、成功したら大きいのもこの星座の特徴です。

個性豊かな人が多く、相手によって受け入れてくれる人と、受け入れてくれない人に分かれるかもしれません。受け入れてくれる人とは末長くお付き合いができます。受け入れてくれない人の中には若干嫉妬が混じっている人もいるので、犬猿の仲になる可能性があったりもします。本人はまったくそんなつもりはないのに、「偉そう」とか「威張っている」と見る人がいたりするので、そのあたりで苦労があるかもしれません。

♥恋愛運

恋愛に関して言えば、理想が高いです。美男美女がいいとか、お金持ちがいいとか、そのような理想が高いという意味ではなくて、そこにはやっぱり自分哲学に基づくこだわりがあります。それに合致する人を選びたい、という理想の高さなのです。

たとえばデートの時に、彼氏が首回りがよれよれの汚れたTシャツを着てきたとします。

自分の中で「ありえないんだけど～」となれば、もうそこで恋が終わったりします。

交際を始めたばかりでラブラブの彼女が、店員さんに横柄《おうへい》な物言いをしている態度を見て、「そういうのイヤだな」と思ったら一気に冷めたりするのです。

素敵だなと思う人を見つけても、「あら？　あんな面があるのね」「え？　こんな部分もあるの？」と自分が納得できないところがあれば、告白の段階にいく前に自己完結することもあります。

逆に自分と合う人がいたら「この人しかいない！」と、出会って間もないのに入籍をする人もいます。早婚の人も多いです。

交際が長続きしないという方は自己完結をする前に、「そういうことはやめてね」と1回言ってみるのもいいかもしれません。意外と相手は気づいていなかったり、考えもなく行動していたりするからです。

¥ 金運

お金に関して言えば、使い方をよく知っています。お金が生きる使い方です。

ここぞという場面では惜しみなくお金を出せる人です。そんなに倹約家というわけではありませんし、浪費をしている人も、無駄遣いをしている人もいるかと思いますが、「今！」「ここで！」というシチュエーションが来たらのがさないのですね。

お金を最大限に生かす使い方ができる人なのです。

それはのちに自分に大きな利益をもたらす、もしくは自分を大きく成長させる自己投資かもしれませんし、将来大成功するお店の開店資金かもしれません。困っている人々を救う寄付ということもあります。方向はいろいろですが、使ったお金は種として蒔《ま》かれ、それは姿を変え、形を変えて、なんらかの方法で自分に大きく返ってきます。

ケンタウルス座の人は、2019年は収入がアップする年となっています。金運的には明るいのですが、個人的な貸し借りをすると、運が良くない方向に流れていきます。金銭的に明るいオーラをまとった自分のお金を人に貸す、また、金運が良くない人からそのオーラをまとったお金を借りるなど、それらのことは自分のお金の運に影響しますから、お気をつけください。

2019年のひとことアドバイスと開運ポイント

恋愛運 ゆっくりとですが良い方向に向かう年になります。

仕事運 栄転・昇進が見込まれる年です。自営の人は売上高が大幅アップとなるでしょう。

健康運 不規則な生活に傾きがちのようです。バランスの取れた食事を摂ることをおすすめします。

2019年のラッキーカラー 紫

2019年の開運キーポイント 植物の生命力

家の中に小さな植物を置いて、一緒に生活をするといいです。玄関など普段いる場所から離れたところに置くのではなく、リビングなど人が長くいる部屋に置いたほうがより効果があります。

おすすめは100円ショップなどで売っている小さなサボテンです。小さな観葉植物でも良いかと思います。

開運は植物の大きさと関係がありませんから、小さなもので十分なのです。水やりがめんどうくさいとネガティブに思ってしまうとマイナスなので、サボテンのように少々放っておいても枯れないものがベストです。

宇宙運命数4

アンドロメダ座

晩秋の宵に南中する星座です。アルファ星はペガスス座の3つの星とともに「秋の大四辺形」を作ります。星座名はギリシア神話のアンドロメダに由来しています。この星座にあるアンドロメダ銀河は私たちの天の川銀河と同じ銀河団にあり、遠い将来、アンドロメダ銀河と天の川銀河は衝突してひとつの銀河になるのではないか、と言われています。

性格

アンドロメダ座の人は情熱家が多いです。好きになったらとことん好き、人に対しても、仕事に対しても、趣味などに関しても、その時に持っているすべての力をガーッとそそぐ……そんなタイプです。

猛烈な勢いで「好き」に集中するのです。その気持ちが人に向かえば大恋愛ですし、仕事や趣味に向かうと情熱的にバリバリこなします。熱意があるので、物事を短期間でマスターできる人が多いです。とにかく「好き」に対する集中力が、ほかの星座の人とまったく違うのです。

特に仕事が「好き」となったら、猛烈に頑張るので、残業などもやりすぎてしまうかもしれません。強いられてイヤイヤやっているのではないため、過労に気づくのが遅れる傾向にあります。お気をつけください。


まわりの人の目にも「熱血な人」というふうに映ります。甲子園を目指す高校球児みたいな感じでしょうか。「一生懸命な人」と言い換えてもいいかと思います。また、冷めやすいという逆の面を持っているのも特徴です。ウワーッと集中していても、急にピタッと冷静になったりします。

たとえば趣味でピアノを習い始め、来る日も来る日も猛練習をし、上達することが嬉しくて仕方なかったのに、ある日ふと冷めてしまうのです。「あれ？　なんだか楽しくないわ」と。そうなると、一気にテンションが下がります。

山登りが好きになって、ウェアから登山靴、装備まで一式揃えて、毎週末せっせと山に登って楽しんでいたのに……急に億劫《おっくう》になったりするのです。

しかし、これも一概に良くないこととは言えません。冷めてしまったら、また新しいものを見つけるからです。次のものを見つけると、またガーッと情熱をそそいで頑張ります。次を見つけたから冷める、という人もいるかと思います。

趣味に関して言えば、こうしていろいろなことを経験しておくと、それがいつか役に立つ時が来ます。たとえばパソコンのお絵かきソフトに情熱をそそいでマスターしていれば、会社でプロモーション画像を作成しよう、外部発注しようという案が出た時に「私、できます」と言えるわけですね。頑張ったことは無駄にはなりません。

飾らない性格も大きな魅力です。「こないだの飲み会の帰り、駅の階段で派手に転んじゃってさ〜。見て〜、ここ。すりむいてケガしちゃった」と膝小僧を見せたり、「今月は使いすぎたからお財布にあと5千円しかないのよ、お給料日まであと1週間もあるのに〜」とふところ具合を堂々と話したりもします。

自分の欠点なども隠そうとせず、たとえばおしゃべりな人だったら、「自分でもウザいかな〜、って思うことがあるんだよね、エヘヘ」と、明るく笑顔で言ったりするのです。「フラれちゃった」なども普通に隠さず言ったりします。カッコ悪いから黙っておこうという考えがないのです。

飾らない性格は「親しみやすい人」と周囲の人に認識されていて、男女関係なく人気があります。アンドロメダ座の人は、そばにいる人を安心させると言いますか、心の鎧《よろい》を脱がせてあげることができるのです。「対人関係では常に心に鎧を装着しています」という人でも、「この人だったら大丈夫」と鎧を脱ぐわけですね。

サービス精神が旺盛なので、自虐ネタで笑わせたりすることも上手です。

♥恋愛運

恋愛に関して言えば、「情熱的」に人を好きになりますから、大恋愛をするタイプです。

相手に何かマイナス要因があって……たとえば、大きな借金があるとか、ギャンブルに有り金を全部つぎ込むクセがあるとか、浮気グセがあるなどで、「いやいや、ちょっと待って。ここはよく考えなくちゃ」と多くの人がブレーキをかけるところでも、アンドロメダ座の人は「情熱」のほうが勝ちますから、なかったことにしてそのまま突っ走ったりします。

同じ理由で、不倫をしてしまう人がいるかもしれません。理性ではいけないとわかっていても、「好き」が強いため止められないのですね。

基本的に熱い情熱を持っているタイプですから、彼氏彼女がいないと、そのことをむなしく思う傾向があります。1人が寂しいからという理由ではなくて、持っている情熱をそそいで愛する人がほしい、誰かに情熱をそそぎたい、という欲求があるからです。つまり愛情をいっぱい持った人というわけです。

好きな人を見つけたら突っ走ってしまう人がいるかもしれませんが、最初はなるべく表面だけでもクールにしたほうがいいかもしれません。相手によっては、強く押して来られるとそれだけでひいてしまうこともあるからです。相手は情熱家タイプではないと考えて、慎重に距離を縮めていくことが恋愛成就の鍵になります。

¥ 金運

金運に関して言いますと、本人が無駄だと思うことにはお金を使わないタイプと言えます。

たとえば、何かのお礼とか、以前におごってもらったお返しなどの特別な理由がない限り、「今日は私がおごるわ～」という発言をしないです。

お店で素敵なお洋服を見つけ、「わぁ、可愛い、買おうかな〜」となっても、その場で即座に買ったりしません。ネットで安いところはないかチェックをして、少しでも安いところがあればそこから買います。情熱的な勢いで、その場で即買いをしそうですが、お金に関してだけはクールに考えられるのです。賢いお買い物ができるタイプ、と言ってもいいかと思います。

2019年は思いがけないところからお金が入ってくる運となっています。それって宝くじが当たるの？　と思われるかもしれませんがそうではありません。あ、でも、なかには当たる人もいます。がしかし、それは本当にごくごく少数の人です。

多くの方は「え？」という思いがけないところからお金が入ってきます。

❗2019年のひとことアドバイスと開運ポイント

恋愛運　恋敵が現れる可能性がありますが、時期を誤らなければ問題ありません。

仕事運　安定した仕事運です。社内での信頼も安定しており、順風満帆と言えます。

健康運　「気」が弱まる時期がありますので、パワースポットなどに行って充電することがおすすめです。

2019年のラッキーカラー 白

2019年の開運キーポイント 施《ほどこ》しの波動

2019年は人に施しをすると、その行為による作用で開運に繋がる年となっています。寄付ってどれくらい？　振込用紙はどこでもらうの？　と堅苦しく考えなくても大丈夫です。コンビニなどのレジ横にある募金箱にお金を入れれば十分です。

生活が苦しいんですけど〜、という方は500円玉ひとつでもオーケーです。500円まで頑張れば、そこそこ大きな施しの波動となりますから問題ありません。

これを年に4回、行ないます。1月に4回を早々と終わらせてしまってもいいですし、月を変えて4回行なってもいいです。ただ、1日で4回済ませることができませんから、日は変えるようにしてください。

宇宙運命数5

オリオン座

冬の星座の代表となるオリオン座は中心部にある三つ星が有名です。この三つ星はエジプトのギザにある3つのピラミッドの配置と関係があるのではないかと言われており、古代に神聖視されていたかもしれないミステリアスな星座です。暗い夜空に花が咲いているような、美しいオリオン大星雲を持っています。ギリシア神話に登場する狩人オリオンが由来とされています。

性格

オリオン座の人はひとことで言うと、ロマンチストです。夢見がちという意味ではなくて、理想と現実を重ねて見てしまうところがある、という意味です。恋愛だけの話ではなく、全般的にそうなのがオリオン座の人です。

たとえば、人は誠実なのが普通であり、どの人もいい人、基本的に悪い人はいない、と無意識に思っています。自分がそうなので、そこに疑いを持たないのです。ですから、自分の秘密や個人的な話などを疑うことなく普通にしゃべってしまいます。この人は裏切るかもしれない、という猜疑《さいぎ》心を持っていないので、「バラすかもしれないから、口止めしておこう」という警戒心もありません。

でも現実は、人はそんなに誠実ではないというパターンが多く、話した内容は別の人に伝わっていたりします。

久しぶりに学生時代の友人から電話があって、なつかしくてワクワクしながら待ち合わせ場所に行くと、宗教、またはネズミ講の勧誘だった、なんて経験もあるかもしれません。

理想の世界ではいい人ばかりなので、まったく警戒をせずに信じ、結果的に裏切られる、ということが多いです。年齢を重ねるにつれて人生経験も増えていきますから、年とともにロマンチスト度はやや下がります。

サービス精神が旺盛、または、人に気を遣う部分が大きい、というのもオリオン座の特徴です。

相手を楽しい気分にしてあげたい、居心地良くしてあげたいという気持ちから、おしゃべりになる人もいますし、常に人を笑わせようと、場を盛り上げることが上手な人もいます。失礼があってはいけないという思いから、ビックリするくらい礼儀正しい人もいます。

うっかり口にした言葉、つい書いてしまったメールの内容について、あとから反省することも多いです。その時はノリで話したことでも、「もしかしたら気にしてるかも？」「あの言葉で傷ついていないかな？」と気を遣うのです。でも実際のところ、相手はまったく気にも留めていなかったりして、独り相撲であることがほとんどです。気を遣いすぎると、心が疲れてしまってエネルギーがなくなりますので、気を遣うのもほどほどにしたほうがいいかもしれません。

負けず嫌いな部分が強いことは前述しましたが、それを「頑張る」という力に……つまり、ポジティブな方向に変えられるのがオリオン座の人の長所です。

世の中には負けず嫌いな人が多くいますが、ネガティブなほうへ流れる人も少なくありません。負けず嫌いを「嫉妬」という形に変えて、相手を蹴落とそうと悪口を言いふらしたり、意地悪をしたりする人もいるのです。しかし、オリオン座の人はそのようなことをしません。負けず嫌いを「よし、頑張ろう！」「負けないぞ！」という前向きなエネルギーとして使います。

「頑張る人」「頑張ることができる人」のイメージが強いオリオン座ですが、意外と打たれ弱いところがあるので、そこも知っておいたほうがいいかもしれません。

「幸運のつかみ方」の部分にも書いていますが、気に病んでくよくよしてしまうと前進することが休止状態になってしまいます。心が元気でなければ、滝をのぼることができないからです。運をひらくポイントは、落ち込んだ時にいかに気持ちを切り替えられるか、にかかっていますから、「心をなるべく元気に保つ」よう心がけるといいです。

自分が一番リラックスできる……たとえば音楽を聴くとか、お料理をする、読書をするなど、そのような時間を意識して作ることも大事になってきます。

♥恋愛運

恋愛に関してもオリオン座の人はロマンチストです。ですから、「白馬の王子様が来た！」「理想の女性だ！」と思ったら、相手をよく観察せずに、自分の理想像と重ねて見てしまうところがあります。理想像通りの人だと思って結婚をしたら、実際は違っていた、うまくいかない、性格が合わない、離婚しよう……というわけで離婚する人も少なくないようです。

警戒心が弱いため、良くない下心を持って近づいてくる、たとえばハニートラップのようなものに引っかかってしまう可能性もありますからご注意ください。

意中の人がいても、積極的にガンガンいくタイプではありません。向こうがアクションを起こしてくれるだろうという淡い期待があります。相手は自分のこの気持ちをわかっていてくれるはず、という思い込みがあるのと、何もしなくてもうまくいくはずとロマンチックに考えているためです。

相手はそんなオリオン座の薄い反応を、見込みがないものと受け取ってあきらめてしまい、恋愛が実らないというパターンもありますから、時には積極的にいくのもいいのではないかと思います。

￥ 金運

金運に関して言えば、お金に細かい人とお金に執着しない人、両極端な2つのタイプに分かれます。

お金に細かい人は堅実タイプです。たとえば、人におごる時も「あの時に便宜を図ってもらったから、これくらいのお店でおごるのが妥当だな」としっかり計算をしておごります。

「あの程度のことに、食事をおごるのは高すぎる」と思えば、小さなお菓子を渡して「ありがとう」で済ませます。プレゼントなども、してもらったことや自分が今までにしてあげたことを、あれこれと計算をして、金額が妥当かどうか考えます。

ケチではありません。使うところではお金を出します。ただ、その金額が妥当かどうか、そこにこだわるのです。

逆に、お金に執着しない人は気前よくおごります。大きな買い物をしたりもしますし、「そのシャツにその値段はないんじゃない？」というものも「そう？」という感じで購入します。親しい人に「いいよ、あげるよ〜」と、自分の持ち物である高いブランドの服やバッグなどをプレゼントしたりもします。「え？　そこにそんな大金を？」と人が驚くようなくだらないものにお金をつぎ込む人もいるかもしれません。

そんなオリオン座の人は、2019年はお金について考える年となっています。金運としては増える傾向にありますから、お金を軽く扱うことなくしっかり見直す年になります。たとえば、保険を無駄にかけていないかなどの見直し、貯蓄の仕方など、一歩踏み込んでお金を考える年になりそうです。それにより、ますます良い金運を引き寄せます。

❗ 2019年のひとことアドバイスと開運ポイント

恋愛運 思うようにならない状況が続いているように感じる年ですが、順調です。

仕事運 2つのものが並行してうまくいく運勢となっています。副業を始めるのに良い年です。

健康運 肩こりに悩まされるかもしれません。思いっきりリラックスする日を作ってみてはいかがでしょうか。

2019年のラッキーカラー 黄緑色

2019年の開運キーポイント 海か空を移動する感覚

乗り物に乗って自分の肉体が海、または空の空間を移動する、その感覚の意識が開運を招く年となっています。海、または空の波動が運気アップをあと押ししてくれるのです。実際に船に乗る、飛行機に乗るということではありません。

具体的に言いますと、船か飛行機、ロケットなどのミニチュアを部屋に置くといいです。それが目に入るたびに、わざわざ苦労してイメージをしなくても、海や空を移動する感覚が意識の中に現れます。

船とひとくちに言っても、タンカーや軍艦のような大きなものからカヌーまでいろいろあります。空のほうも飛行機だけでなく、セスナやヘリコプター、飛行船、ロケットなどがあります。好きな乗り物を目につくところに飾るだけでオーケーです。海と空の両方ではなく、どちらか一方だけで十分です。

置物は精巧なミニチュアでもいいですし、自分でプラモデルを作ってもいいと思います。ただし、絵などの2次元のものは作用が薄くなってしまうので、なるべく立体的なものにしたほうがいいです。

宇宙運命数6

おおいぬ座

おおいぬ座は全天で一番明るく輝く星「シリウス」があることで有名です。シリウスはおおいぬの口もとあたりに位置しており、古代エジプトではナイル川が氾濫する時期を示す星として信仰されていました。おおいぬ座のモデルには諸説あって、ギリシア神話のオリオンの猟犬説、獲物を必ず捕まえるレラプスという犬説などがあります。

性格

おおいぬ座の人は社交的な人が多いです。友だちが多いということもありますが、ここで言っているのは、誰とでも打ち解けられる人、という意味です。ですから、友だちが少なくても、たとえいなかったとしても、社交的な人に変わりはありません。どんな相手とでも、相手に合わせて笑顔でおしゃべりができます。

他人との間に高い壁を作らないので、それによっておおいぬ座の人に救われる人も多いです。新入社員、新しくサークルに入った人、ママ友などのグループに参加して日が浅い人、新しく引っ越してきたご近所さんなど、知り合いがいないことで不安を抱えている人からすれば、おおいぬ座の人は救世主のように見えることもあります。

古くからいる人と同じように接することができない、またはしない、親しくないからといってさりげなく拒否をする、という考えがさらさらないのが、おおいぬ座の人なのです。ですから、相手に非常に喜ばれるというわけです。


道を聞かれることも多いと思います。道を尋ねようとする人は、どの人に聞くか……ということを、そのあたりにいる数名の中から直感で「選んで」います。声をかけやすい人にしたいと思うのが普通ですし、できれば優しく教えてくれる人に道を聞きたいわけです。

よく道を聞かれるということは、見るからにそのような人物であるということであり、直感が鋭い人や霊感がある人から見ると、その特徴がすでに表に出ているのです。

社交的ですから、話好きな人が多いです。人付き合いにおいて、非常に重宝される人物です。おおいぬ座の人が1人いれば、間がもつからです。夫婦や親子においても、1人でしゃべっているというくらい、話すことが好きです。ついでに言えば、同じことを何回でも楽しくしゃべれるという特技もあります。周囲は、「その話、こないだ聞いたんだけど……」となりますが、本人は初めて話す時と同じテンションで楽しんでいます。

ほかの長所としては、感情的になって大騒ぎすることがないことです。人は感情が爆発すると、大声を出したり、怒鳴ったり、ものに当たったりします。夫婦ゲンカというシチュエーションで考えるとイメージしやすいかもしれません。おおいぬ座の人はそのような場面になっても、感情をむき出しにしてワーワー、ギャーギャー怒鳴ったり、泣きわめいたり、というような大騒ぎをしません。はらわたが煮えくり返るほどの怒りがあっても、ここで感情的になると相手を刺激してもっと大変なことになるから、黙っていよう、と口をつぐめる人なのです。人間関係において賢い人です。

人の行動についてごちゃごちゃ言わないという賢さもあります。人はつい、親子や兄弟、友人、同僚などがしたことに対して批判をしたり、ああだこうだと自分の感想、意見を言ったりします。自分の考え方で、人の行動をジャッジする人もなかにはいると思います。

しかし、おおいぬ座の人はそんなことはしません。「人は人、自分は自分」と、いい意味で悟っているからです。この悟りは非常に大切です。というのはそのおかげで、嫉妬をしたり、必要以上に羨むことがなくなるからです。

淡々としたこの部分は長所なのですが、見ようによっては「クールな人」と映ることがあるかもしれません。

恋愛運

恋愛に関して言えば、おおいぬ座の人はハードルが低いと言えるかと思います。他人との間に高い壁を作らないので、来る人拒まず的な大らかさがあるのです。ですから、交際を申し込まれたら、よほどイヤな相手でない限り、「いいよ〜」と付き合います。

でもこれは悪いことではありません。たとえば、顔が好みじゃないとか、収入が低いとかで、門前払いをしないからです。顔は良くなくても、収入は高くなくても、人格的に最高の人はいます。その人と一生をともにすれば幸せになれるという人を、見かけや条件でふるいにかけることがないわけですから、この部分はお得と言えます。おおいぬ座の人は選びに選び抜いて候補を決め、それから付き合うというタイプではなく、まず付き合って、その人のいいところを見つけるパターンの人が多いです。

人のことについてとやかく言わない素のままの自分でいると、相手はやすらぎを覚えます。それは安心感に繋がりますから、変にカッコをつけたり、自分を飾ったりしないことが恋愛成就の鍵です。

¥ 金運

お金の使い方に関しては、太っ腹な部分を持っています。特に交際費はケチりません。

人にプレゼントをすることが好きなので、よく贈り物をします。「私が払うわ～」という場面も多いかと思います。相手に喜んでもらいたいという気持ちが強いので、プレゼントを受け取った人が、もしくはおごってもらった人がニコニコしているのを見ると、心底嬉しくなるタイプです。

ただ、時々、大盤振る舞いをして、「やりすぎた……」とあとから後悔することもあります。

2019年は、思いがけないところから何かがどーんと入る運となっています。お金かもしれませんし、品物かもしれません。もしかしたら何か栄誉ある「賞」かもしれないです。そのようなものがどーんと入ります。

それがお金だったら、太っ腹なため人にまわしてあげようとするかもしれませんが、2019年にどーんと入ったお金は自分のために使う、もしくは貯金をしたほうがいいです。そうすることで、次の金運を招くようになっています。

❗2019年のひとことアドバイスと開運ポイント

恋愛運　実りの年となっています。焦らずマイペースでいくといいです。
仕事運　実力を発揮できる年です。エネルギッシュに仕事ができる年でもあります。
健康運　足腰を痛めてしまうかもしれません。日頃から適度な運動を心がけるといいと思います。
2019年のラッキーカラー　水色
2019年の開運キーポイント　心機一転の感覚

心機一転の感覚が運をひらく鍵になります。よりリアルに認識するためには、初もうでに行くことが最適です。年初に「今年は頑張るぞー！　いい年にするぞー！」という、希望と期待に満ちた感覚を持つ、これが2019年のおおいぬ座の人には大事なのです。その感覚を形として〝自分で意識するために〟初もうでに出かけるといいです。

1月に前半期の初もうでに行き、7月にもう一度、〝後半期の初もうで〟に行きます。そこがポイントです。もっと濃くやりたいという人は、四半期に分けて、1月・4月・7月・10月に〝四半期初もうで〟で行くとより運気がアップします。

初もうでに行けない人はカレンダーを使います。月めくりも2ヶ月分が1枚になっているほうが心機一転の効果が大きいので、こちらがおすすめです。2ヶ月ごとにめくる時「来月からまた頑張るぞー！」と心を新たにすれば、運気アップに繋がります。

宇宙運命数7

ヘルクレス座

8月上旬の宵に南中する全天で5番目に大きい星座です。ギリシア神話の中で12の難業を果たした偉大な英雄、ヘラクレスが名前の由来となっています。この星座の一番の特徴は「ヘルクレス座・かんむり座グレートウォール」があることです。ヘルクレス座・かんむり座グレートウォールとは無数の銀河が集合して形成している巨大な『宇宙の大規模構造』です。

性格

ヘルクレス座の人の特徴は、なんと言っても度量が大きいことです。おっとりしていると言うと、のんびりした雰囲気も入ってしまうので、そのような感じではなくて、もっと心がどっしりとした感じです。細かいことにはこだわらない、動じない、そのような人です。

陰で自分の悪口を言われていることを知っても、カッと頭に血が上ったりしません。「言いたい人には言わせておく」という無視ができるタイプなのです。敵意を持っている人を相手にしないのは、できそうでできないものですが、ヘルクレス座の人はそれができます。

人の意見をしっかり聞くことができるのも特徴です。思いっきり反論をされると普通は感情的になると思います。しかし、ヘルクレス座の人はそのような場面でも、相手の意見を聞く耳を持っています。さらに、柔軟な思考ができますから、たとえ自分と違う意見であっても、そちらのほうが良いと思えば、ためらわずに取り入れます。

面目丸潰れで悔しいとか、相手が勝ったと思うことがムカつくとか、そのような小さな部分にこだわったりしません。自分の意見を変えるのは難しいことですが、自分にとって良いものだと判断すれば、そうすることに迷いがないのです。

この星座の人の強みは、打たれ強いところです。

普通の人は悪口を言われるとくよくよ悩んだり、落ち込んだりします。必要以上に深く傷ついてしまう人もいます。しかし、ヘルクレス座の人はチマチマと思い悩むことがあまりなく、平常心で堂々としています。落ち込んだとしても、すぐに立ち直れる人が多いです。悪意に左右されないのですね。

「そんなことはありません、私は深く傷ついて精神的に参っています」という場合、その悪意がキャパシティをはるかに超えたもの、さらに驚くほど強いものである、ということですから、しっかり対策することをおすすめします。

部下や子どもなどが、何か大失敗をして謝りに行かなければいけない、という困ったシチュエーションになっても、ぎゃーぎゃーと怒ったりしませんし、取り乱したりもしません。そこはボス気質ですからとても寛容なのです。

頼られたら「ノー」と言わない（注：言えないのではありません）性格なので、借金の保証人になったりすることもあるかと思います。成人した子どもが無心をしてきても、ノーと言いませんから、子どもの借金の尻ぬぐいなどもあるかもしれません。誰もやらない町内会の会長をさせられたりすることもあるように思います。

自分を頼ってくる者に対しては、非常に面倒見がいいので、押しつけられた役目でも頑張ってやってしまいます。時には自分が犠牲になってまでしてあげることもあるので、そこは注意したほうがいいかもしれません。

欲しいものは何がなんでも手に入れたい！　というタイプでもあります。わがままという意味ではなくて、バイタリティあふれる感じ、頑張って手に入れるぞー！　といったものです。お洋服、アクセサリーという身近な品物から、車、家、恋愛、仕事、と幅広い範囲でのお話になります。

ペットを飼いたいと思い立ったら、すぐに引っ越しをしてでも飼います。もしも、好きになった人が既婚者だったら、略奪婚という形になるかもしれません。理想の人生を手に入れる、という人もいます。

♥恋愛運

恋愛に関して言えば、頼られると拒まない度量の大きなヘルクレス座ですから、そこに気づいた人に、寄って来られる傾向があります。近づいて来るのはわがままな人が多いようです。わがままな人は自分のことをそのまま受け入れてくれる人を望んでいるわけで、ヘルクレス座の人がその理想にピッタリなのです。

この星座の人はよほど好きな人でなければ自分から積極的にガンガンいくほうではありません。どちらかと言うと、来るもの拒まずです。人の面倒を見てしまう性格ですから、相手がお金目当てだったとしても「まぁ、いいいか」と許してしまうところもあります。

相手が年下、年上に関係なく、常にヘルクレス座の人が大人になってあげる、というような恋愛の形が多いです。男性はペラペラしゃべりまくるような人は少ないので、「何を考えているのかよくわからない」などと言われることがあるように思います。

受け止める側、来るのを待つ側になってしまうというシチュエーションが多いと思いますが、自分から積極的にいくほうが、いい人と結ばれる確率が高いです。

¥ 金運

金運に関してもボス気質で、ついつい自分が全部払うという太っ腹なところがあります。

小さな贅沢が好きな人も多く、ブランドバッグやブランドもののお洋服、高級な食器、高級なお化粧品、高級な時計など、自分が好きなものを買える範囲で楽しみます。

そのように使う時はパッとお金を使うタイプですが、小さな金額にこだわる節約をしたりもします。たとえば、50円引きのクーポンでお買い物をしようと出かけたのに肝心のクーポンを忘れた……となっても、「もういいや」とあきらめず、家まで取りに戻ったりします。

無料でもらえるものはもらわないと損という意識があるので、そのために行列に並ばなくてはいけなかったとしても平気です。あと○○円で送料無料となれば、何かもう1点そんなに必要ではないものでも購入し、送料を無料にしたりもします。

でもケチではありません。時々、そうやって節約している自分に満足したい、ちゃんとできている自分を確認したいという気持ちが根底にあるようです。

ヘルクレス座の2019年の金運は〝上昇〟で、数年に一度の上昇年ですから、期待できる年となります。

❗2019年のひとことアドバイスと開運ポイント

恋愛運　人の言葉に惑わされないように気をつければ、大当たりの年となります。

仕事運　仕事に広がりができる年です。単調だった仕事の幅が広がって楽しく仕事ができます。

健康運　悩みが抜け毛など体に現れるかもしれません。悩むのはほどほどのところでストップしたほうがいいようです。

2019年のラッキーカラー　赤

2019年の開運キーポイント　一年を特別なものと意識する感覚

毎日のように使うものを何かひとつ、2019年の一年限定バージョンにします。たとえばお箸、コップなどです。それを2019年用にひとつ買います。

一年間継続して使うものですから、なるべく自分の好みに合った、好きだな〜と思えるデザインがいいです。家の鍵も毎日のように使いますから、鍵につけるキーホルダーでも悪くないです。ちなみに絶対に毎日使わなくてはいけないというルールはありませんから、お箸を買った方はたまには割り箸で食べてもいいですし、コップを買った方は時には別のコップを使用しても問題ありません。週に4〜5回使えば十分なのです。

使う時にそれを見ることで、今年は特別な年だと心のどこかで意識しますから、それによって運がひらけていきます。

宇宙運命数8

はくちょう座

9月下旬の宵に南中する夏を代表する星座です。5つの星で形作られている大きな十字形が特徴です。南半球の南十字星に対し、北十字星と呼ばれることもあります。ギリシア神話ではゼウスが白鳥に姿を変えたとなっていますが、ほかにもいくつか説があります。白鳥の尾に位置するデネブ、こと座のベガ、わし座のアルタイルで「夏の大三角」を形成します。

性格

はくちょう座の人は物事を慎重に運ぶ、という人が多いです。あらゆるメリット・デメリットなど、細かいところまで考え抜いて、それから行動に移します。浅い考えで無謀な賭けをしない、そのような堅実な人と言ってもいいかと思います。それはつまり、論理的に物事を考えられる、ということでもあります。

たとえば、会社でものすごくイヤなことがあって、「もう我慢ができない！　明日、辞表を提出する！」と思ったとしても、翌日になれば「いや、ちょっと待てよ」と考え直し、転職をした場合のリスクなどを冷静に考えることができるのです。激昂《げきこう》した勢いで辞表を叩きつける、なんてことはしません。できないのではなくて、しないのです。

夫の浮気が発覚して「もう、アンタなんかとは離婚よ！」と泣き叫んでも、翌日には冷静になって考えています。離婚したあとのこと、子どものあれこれ、金銭的な問題から、離婚して出て行く際の引っ越し費用のことまで考えます。

そこで、今離婚をするのはマイナスであると結論が出れば、もう少し様子を見ようという判断をします。感情に任せて、ハンを押す、なんてことはまずありません。はくちょう座の人の辞書に「一か八かやってみる」という言葉は存在しないのです。常にリスクを考えられる余裕があります。

ケンカにしても、腹を立てて文句をまくし立てる、怒鳴り散らす、なども少ないと思います。いろいろな考えが感情より優っていて、感情に支配されない人だからです。

他人に「ムカッ」とくることを言われても、顔に出さずにいられますし、上級者になると、はらわたが煮えくり返っていてもニコニコできます。なかなかできることではないので、特技と言っても過言ではないように思います。しかし、表に出さないぶん、本人のストレスは大きいです。

はくちょう座の人は笑顔が武器になる人が多くいます。美男美女という、そのような造作のことを言っているのではなくて、笑顔がなんとも言えず可愛らしい、素敵に映る、そのような感じです。笑顔に華があると言いましょうか、輝いているのです。めったに笑わないため、にっこりするとものすごく効果があるというパターンの人もいます。いずれにしてもこの笑顔をうまく使うと世の中をスイスイ渡っていけますから、活用するといいと思います。

ユーモアのセンスがある、もしくは、センスはなくても人を笑わせることが好き、という部分も持っています。

センスがある人はお笑いなどで成功するレベルです。センスがない人はダジャレ好きという形になったり、おじさんギャグを連発する人になるかもしれません。でもそれも、好意的に受け取ってもらえますから、ウケないダジャレやギャグが人間関係を円滑にする武器になるように思います。

はくちょう座の人は見た目が、あるいは持たれる印象が「温和で人当たりのいい人」です。なんだかいいところしかないのでは？　という、はくちょう座ですが……実はひそかにプライドが高いです。内に秘めたプライドであり、上手に隠しているので周囲の人はその部分に気づきません。

このプライドを傷つけられるようなことを言われたり、されたりすると、途端にカーッと頭に血が上ってしまいます。長所である冷静さはどこへやら、そんなものは一気に吹っ飛んでしまうのです。

プライドに関してのみ、感情が爆発するタイプだということは、知っておいたほうがいいように思います。

♥恋愛運

恋愛に関して言えば、クールなタイプです。「好き」だという感情に支配されて、相手の欠点が見えなくなる、それによって問題がある人に入れあげてしまう、ということがありません。基本的に、にっちもさっちもいかなくなる恋愛をするタイプではないのです。

どんなに好きな相手でも、長所と短所を冷静に見ていますし、結婚をした場合のメリットとデメリットもしっかり考えています。恋愛に関しては特にリアリストなので、考えすぎて先に進めない……という人もいると思います。モテるのになかなか結婚しない人が多いのも特徴かもしれません。

はくちょう座だけど、相手にメロメロになってしまって入れあげています、という方は、基本の性格を崩すくらい惹きつける相手ですから、ソウルメイトである可能性があります。

恋愛がなかなか成就しないという方は、慎重に運びすぎていて、相手と温度が合っていないことが考えられます。リスクなどを冷静に判断せずに、たまには思いきって感情のままに恋愛してみることも大切かもしれません。

¥ 金運

お金に関しては、細かいところまで計算をして、それなりに計画的に使っています。金銭的な部分での人生設計はバッチリという人もいると思います。何歳までに家を買って、ローンを何歳で終わらせて……みたいな計画的なことが得意なのです。

理論的に考えますから、このブランド品を持っていたら人が自分をどう見て、それは自分にとってどのようなメリットがあるのか……までを考え、ブランド品を身につけます。

しかし、何か事が起こって大金が必要だとか、大金が動くとなったら、急にお金に頓着しない性格に変わることもあります。計画も何もない「なんとかなるさ〜」というタイプに変わったりするのです。

たとえば、離婚をすることになった、慰謝料を払わなければいけない、となったら、計画的に慰謝料をどうするか、どう支払っていくかを計算するのではなく、「あー、もういいや、銀行で全額借りて払お！」となるわけです。親に全額借りるなどもありそうです。

返済はなんとかなるさ〜、と不意の大金にはなぜか無頓着になったりします。

2019年のはくちょう座は、小さなお金がちょこちょこと途切れることなく入ってくる運となっています。

❗２０１９年のひとことアドバイスと開運ポイント

恋愛運 吉となる年ですが、想っているだけでは届かないこともあります。

仕事運 大きなことを任される年になります。期待通りの成果を上げ高評価をもらえます。

健康運 強いストレスで体調を崩すかもしれません。その前にうまく発散することをおすすめします。

２０１９年のラッキーカラー 黄色

２０１９年の開運キーポイント 干支のパワー

２０１９年の干支の「イノシシ」が幸運をもたらすアイテムになります。イノシシのキーホルダーやマスコットを身につける、イノシシのシールをスマホの裏に貼っておく、部屋に置物を置く、などするといいです。２０１９年の干支を身につけることによって、一年間、干支パワーを受け取ることができます。この干支の恩恵がもらえるのは、２０１９年ははくちょう座だけとなっています。

宇宙運命数9

ペルセウス座

1月上旬の宵に南中する星座です。ギリシア神話で髪が蛇、見たものを石にしてしまう怪物メドゥーサを退治した、勇者ペルセウスが星座名の由来です。その姿は右手に剣を持ち、左手はメドゥーサの首をつかんでいます。この星座には食変光星として有名なアルゴルがあり、毎年8月半ばをピークに出現するペルセウス座流星群もよく知られています。

性格

ペルセウス座は男前な性格の人が多い星座です。一番の特徴は、義理人情に厚いところでしょうか。

人に何かをしてもらった恩は決して忘れません。それどころか、その恩を「ああ、そう言えばそんなことがあったっけ」などと、記憶の彼方に置くことすらしないです。受けた恩はいつも心のどこかにあり、風化させたりしないのです。

もちろん恩はちゃんと返しますし、感謝も忘れることはありません。恩を仇《あだ》で返すなど、太陽が西から昇るくらいありえないと思っています。それくらい義理堅い人が多いです。

自分と関わりのある人が窮地に追い込まれていたら、いてもたってもいられず、損得勘定抜きで手を差し伸べます。たとえそれが、本人の身から出たサビだったとしても、本人の日頃の行ないや言動が招いた結果だったとしてもです。

周囲の誰もがみんな「当然の報い」と判断しても、知らん顔ができないのですね。人を見捨てるということができません。ですから、時には手を差し伸べたことによって自分が窮地に追い込まれたりもします。

男前な2つ目の特徴は、曲がったことが嫌いということです。正義感が強い人、と言い換えることもできます。

たとえば、数名が残業をしていたとします。みんな、せっせと仕事をしているのに、1人だけお茶をいれてのんびりお菓子を食べている人がいます。会社からお給料を……それも割増でもらっている時間なのに、飲食をしているのです。しかもダラダラといつまでもスマホをさわって休憩をしています。残業時間の半分は休んでいるのでは？　というくらいです。そのようなズルをする人を見るとイライラ、モヤモヤします。

電車のホームで、みんなしんどくても並んで待っているのに、電車が到着した瞬間にサッと横入りをして乗り込む人がたまにいます。それを見てもイライラ、モヤモヤします。正義感が強いため、世の中のあちこちにあるズルを見ると許せないのです。

このように一本気な性格ですから、しんどいことが多いかもしれません。

自分の意見に自信がある人が多いのもペルセウス座の特徴です。義理人情に厚く、正義感が強いわけですから、ペルセウス座の人は道徳的に花丸な考え方を持っているわけです。根っこにそれがあるからかもしれませんが、意見を曲げることは少ないように思います。

「世の中には必要悪もあって、多少のズルはありだよね〜」とか、「振り込め詐欺なんて、騙されるほうも悪いよね〜」などの意見を聞こうものなら、「ちょっと待って」と反論します。そのような意見を右から左に聞き流すことができないのですね。

目上の人で反論ができない場合でも、肯定と取られる「そうですね」などという相槌《あいづち》は打ちません。そこは一本筋が通っています。

外交的で付き合いのいい人が多いです。呼ばれればあちこちに顔を出しますから、人脈も広いですし、気軽に声をかけやすい人と認識されています。しかし、時たま非常に内向的になってしまうことがあります。人と騒ぐ気になれず、引きこもってしまう期間があったりするのです。

引きこもるとまではいかなくても、しばらくは誰とも付き合いたくないから出かけないという時期があることもあります。

これは心の平安を保つための無意識の自衛策なので、そのような時は思いっきり自分のために時間を使うといいです。そうすればまた、人付き合いをする気分に戻っていきます。

♥恋愛運

恋愛に関して言えば、意外と照れ屋さんです。意を決して告白をしようとしても、いざとなったら照れてしまって、違う話をしてしまうとか、「好きです」と言う予定なのに照れまくって「また会える?」とニュアンスを軽くしてしまう……そんなタイプです。恥ずかしがり屋さんではなくて、照れ屋さんなのですね。ですから、ガンガンに押すということもなく、最後の押しが弱いかもしれません。

1人を想い続ける人も多いです。一旦好きになったら、気持ちを簡単に切り替えられないため、見込みがない恋愛だったとしても、ひそかに心の中で想い続けたりします。別れた彼氏や彼女をずっと忘れられない、という人もいます。一途なタイプと言っていいかと思います。

正義感が強いので浮気をしない人がほとんどですが、万が一してしまった場合、義理人情に厚い性格と正義感の強さから、ものすごく苦しむことになります。苦しみは普通の人の何倍にもなって、重くのしかかってきますから、道ならぬ恋には気をつけたほうがよいと思います。

¥ 金運

金運に関しては、ごく普通の感覚をしています。大金を派手に使いまくる浪費家ではなく、かと言って倹約家ということでもないです。使う時は使って、締める時は締めます。

自分の生活に合ったお金の使い方をするタイプですから、収入が上がっていけばそれなりに使う金額も増え、それなりの贅沢もします。でも限度を知っていますので、無茶はしません。

親しい人へのお中元やお歳暮などの贈りものに気を配る人が多いのもペルセウス座です。義理堅い性格がそのまま反映されています。

できる範囲で寄付することを心がけている人が少なくないのもペルセウス座の人の特徴と言えます。

2019年はお金がワンパターンの流れから抜け出す年です。

入るほうにも出るほうにも働きますから、もしかしたら大金を使う年になるかもしれません。使い道はそれぞれです。家を買うかもしれませんし、新車を買うかもしれません。優雅な海外旅行をする人や、他人に融通するという人もなかにはいる可能性があります。

入るほうに働くと、思いがけないところから大金が入ってきます。かなり期待が持てる年になりそうです。もしかしたら、給料が大幅アップ、ボーナスが予想以上に出るのかもしれません。

2019年のひとことアドバイスと開運ポイント

恋愛運 うまくまとまりそうでなかなか進展しないと思ってしまう年ですが、大丈夫です。焦る必要はありません。

仕事運 能力が認められる年になります。積極的に仕事をするとなお吉です。

健康運 健康運に翳《かげ》りはありません。いきなり不調を引き起こしてしまうストレスにお気をつけください。

2019年のラッキーカラー 緑

2019年の開運キーポイント 香りのパワー

入浴剤が一番効き目があります。好みの芳香で気分をリフレッシュする、ヒノキやラベンダーの香りでリラックスするといいです。1週間に1度でも効果があります。お湯につかる習慣がないという人は、お部屋でシュッと芳香を放ってもいいと思います。こちらも1週間に1度で効果ありです。匂い袋を持ってたまに嗅ぐのもいいですし、そのあたりは工夫をして芳香をたまに嗅ぐようにしてください。

毎日嗅ぐのも悪くはありませんが、同じ香りだと慣れてしまって効果が弱まる可能性があります。毎日嗅ぐ場合は香りを変えるといいでしょう。鼻から入った香りの良い刺激が心に響き、その芳香込みのリラックス感覚が良い運を引き寄せます。

☆桜井識子の星座占いができるまで

聖地セドナで出会った「エネルギーの神様」

私は2016年の秋に、アメリカ・アリゾナ州にあるセドナへ行きました。セドナはネイティブアメリカン、および、スピリチュアルの聖地と言われています。セドナはものすごいパワースポットであり、セドナに行けば人生が変わる、という感想をいろいろなところで目にしていました。

しかしパワーについての詳しい記述はほとんどなく、一体どのようなエネルギーなのか、どれくらいの強さなのか、本当に人生は変わるのか、などを知りたくて1人で行ってきました。

初めて私の本を手に取って下さった方が、「は?」と戸惑ったりしないように少し説明をしておきます。

私は霊能者だった祖母と審神者《さにわ》だった祖父の影響で、幼い頃から神仏と接していました。不思議な体験も数えきれないほどしています。大人になってからはコツコツと修行を積んで霊能力を高め、今では神仏のお姿を見たり、声が聞こえたりするまでになりました。

神仏は意外と冗談がお好きですし、よく笑っています。ガハハと大笑いする仏様もいます。神仏がどのように人間を慈《いつく》しんでいるのか、ご加護を与えているのか、その恩恵などを著書やブログで紹介しています。

話を元に戻しまして、セドナに行く前に写真を見たら、アリゾナ州には日本にはない不思議な山がありました。

「この山には神様がいるんじゃないのかな～？　いたら是非お話を聞きたい！」と思ったことも、訪れた理由のひとつです。セドナに行って神様とお話をした内容はブログに詳しく書きましたので、ご興味のある方はそちらをご覧になってみてください（「さくら識日記」２０１６年12月30日～）。

実際に行ってみたら、セドナは本当にパワースポットであり、日本と同じように山岳系神様も、人間が神様になったタイプの神様も、眷属《けんぞく》も精霊もいました。そのセドナには、私が今まで会ったことがない……というか、存在さえも知らなかった「エネルギーの神様」がいました。

サンダーマウンテンという、ウォルト・ディズニーさんが愛していた山の上にいたのです。

宇宙空間と地球とのバランスを整えている

この山は飛び抜けて波動が強く、驚異的な神格の高さになっていて、明らかに普通の山ではありませんでした。私はこの山のトレイル（登山道）を歩きまくり、山の裏側に登ったりもしました。そこでエネルギーの神様から、いろいろなお話を聞きました。

この神様のお仕事は、「地球のバランスを取ること」だそうです。それは重量とか質量とか、そのような物理的なものではなく、見えない世界でのバランス、「霊的なバランス」です。

地球という〝惑星自体の〟霊的なバランスは、地球が自分で調整しています。自浄作用と言ってもいいかと思いますが、地球内でのトラブルでバランスが崩れた場合は、地球自身が自分で解決をするのです。

世界に7柱いるというエネルギーの神様は、「宇宙空間と地球とのバランスの調整」をしています。好奇心からいろいろと質問をしましたが、私が天文学の専門家ではないことを神様は百も承知なので、私が理解できる範囲で教えてくれました。

まず、地球のまわりには霊的エネルギーでできている分厚いオーラがあります。地球が丸いので覆っているオーラも球形です。このオーラは宇宙のさまざまな天体（衛星、惑星、恒星、彗星《すいせい》、中性子星《ちゅうせいしせい》とか赤色矮星《せきしょくわいせい》とか変光星、星団、星雲、銀河など）の影響を受けています。

その影響により、オーラの球形が変形したり（ゆがむ、ねじれるなど）、強弱ができたり（表面が波打ったり、なめらかではなくトゲトゲしたりなど）、質が変わったりするそうです。この霊的エネルギーの変化は、たとえ小さなものでも地球に良くない作用をおよぼすらしいです。

生物は霊的エネルギーのある星にしか住めない

宇宙にはいろいろな星があります。爆発する星、ガスを放出する星、星同士で引っ張り合う、お互いがお互いのまわりをぐるぐる回る星、自転が速くて超高速で回り続ける星、驚くほど輝く星など、これらの星はすごい力で宇宙空間に影響を与えていて、地球の霊的なオーラも変形させたり変質させたりするそうです。

しかし、そうは言っても、太陽系以外の星ははるか遠くにあって、何千光年、何万光年、それよりももっともっと遠い場所、何億光年の彼方にある星も存在します。遠すぎるので、そこで起こった爆発で地球がグラグラと揺れることはありません。爆発とか衝突とか回転とか重力とかの物理的な力は、3次元の世界では地球に大きく影響しないのですが、霊的エネルギーには〝距離〟がありませんから、ダメージを受けるそうです。

どうしてこの霊的なオーラが変形したり変質したりしてはいけないのかというと、地球はこのエネルギーを持っているからこそ、生物が生きていけるとのことです。人間をはじめ、動物や植物、虫など、この星で命を育めるのは、このエネルギーのおかげなのだそうです。

地球と似た環境の星……たとえば、宇宙のどこかに同じような太陽があって、太陽からの距離が今の地球と一緒で、水があって酸素があっても、霊的なエネルギーを持っていない星だと命は生まれないと言っていました（逆に言えば、霊的エネルギーを持っている星だったら生命がいるということです）。

「生きる」ためには、水や酸素や養分が必要ですが、それと同じく、霊的なエネルギーも不可欠だと言うのです。宇宙空間からの影響で、その大切な霊的エネルギーがダメージを受けないように、7柱の神様が調整をしている、とのことでした。

人間はたしかに星々の影響を受けている

その話を「へ～」とか「ほ～」と聞いていた私はふと思いました。

「地球という天体に影響があるのなら、その上に乗っかっている人間にも影響があるのでは？」

そのことを質問すると、神様は「ある」とキッパリ言います。

「あるんだ～」と思った私は、さらに聞きました。

「あの～、それって、人間は星々の影響を受けている、ということでしょうか？」

「そうだ」

「！」

ええええっ！　それって星占いが眉唾《まゆつば》じゃないってこと？　と驚きました（↑すみま

せん、ホントに失礼で……）。そこで、もっと突っ込んでこの話を聞きました。

エネルギーの神様が言うには、宇宙は多次元なのだそうです。星と星は3次元ではなく、別の次元で繋がっている、と言っていました。その次元には星同士のネットワークがあるため、3次元での距離がどんなに離れていても、影響をおよぼし合うらしいです。

宇宙が多次元であることは科学的にも研究されていて、「超ひも理論」では宇宙には10次元の時空間が必要だとされています。超ひも理論を超えるM理論は今のところまだ仮説ですが、11次元（空間次元が10個、時間次元が1個）あると提唱しています。科学的な見地からも宇宙が多次元構造であることが解明されつつあるのです。この折りたたまれていると仮定されている別の次元で、星と星は繋がっているというわけです。

影響の源は太陽系の星だけに限らない

地球という惑星は「霊的エネルギー」を持っているということを、さきほど書きました。そのエネルギーがあるから、生物はこの星で生きていられることも、神様から聞いて知りました。

私たち人間も、もちろんこの「霊的エネルギー」を持っています。地球の面積に比べ人間の体は小さいので、神様が調整しなければいけないほどの大影響を受けるというところまではいかないようですが、宇宙の動きによる影響はあるとのことです。

「では、神様、星占いとかそのへんのものは、正しいということでしょうか？」

そうお聞きすると、エネルギーの神様が言います。

「星占いとは、なんだ？」

あ、えっと、それはですね……と、当時私が知っていた範囲で説明をしました。

「太陽系の惑星や太陽がこの角度に来たから、運まわりが良くなるとか、恋愛がうまくいくとか、そういうものです」と、言うと、神様は楽しそうに笑っていました。

人間はたしかに星の影響を受けています。でもそれは、太陽系の星だけに限らないそうです。折りたたまれている別の次元では、地球は多くの星と繋がっていますから、そちらの影響のほうが大きいのだそうです。

宇宙空間（他の星）からの影響、太陽系の中心である太陽と、地球の動き（公転）による影響、そして、ここで初めて知ったのですが、「音」の影響が実はすごく大きいそうです。

宇宙空間は静寂の世界……と思っていましたが、意外とあちこちで音がしているそうです。そのようなことも教えてもらいました。そして、何をどうすれば、人間におよぼすそれらの影響がわかるのか、その方法も聞きました。

宇宙と占いの勉強に明け暮れた日々

帰国して、まず宇宙について勉強を始めました。私は子どもの頃から「宇宙」が大好きです。それは、ファンタジックで神秘的な宇宙に憧れていたという意味ではなくて、科学的な宇宙が好きだったのです。

社会科見学で初めてプラネタリウムに行った時の感動は今でも鮮明に覚えていますし、高校生の時に、カール・セーガン博士の「COSMOS（コスモス）」という番組をテレビで見た時の大興奮は、おばちゃんになった今でも消えることなく私の中にあります。

図鑑を買って、はるか遠くにある天体の写真や想像図を眺めたり、スペースシャトルのニュースを必死で見たり、ボイジャー1号2号の観測結果にワクワクしたり、自分なりに宇宙と関わってきました。科学的な目で見た宇宙が好きで好きで仕方ありませんから、宇宙の勉強はサクサク進みました。

占いも詳しく知っておくべきだと勉強を始めました。東洋の占いも西洋の占いもいろいろと自分なりに研究を重ね、勉強のためにフランスやモロッコにも行ったりしました。

そして、エネルギーの神様が言った「音」に関しても、あれこれ研究をしましたが、執筆をしながらだと、どうしても時間をたくさん取ることができません。そこで今年に入ってからは、執筆をお休みして研究することを優先しました。

私の場合、セミナーやトークショー、講演などの活動を一切しておりませんから、本を書かなければ収入がありません。ちょこちょこ行く神社仏閣の取材費が〜、海外に勉強に行く旅費が〜、痛いぃ〜、ということもありましたが、とにかく知りたい、勉強したい、その一心でした。

ふたたびエネルギーの神様のもとで個人授業

エネルギーの神様に言われたことを1年半の時間をかけて、しっかり私なりに研究をしました。その成果として大まかに整えたものを、最終的な完成形にするために、ふたたびセドナを訪れました。2018年5月のことです。間違っているところを修正してもらう目的と、私にはまだわかっていない部分があったので、そこをお聞きするためです。

エネルギーの神様が「それでよし」と、オーケーをくれなければ、占いを公開することはできません。私が頑張って研究をしたのは、「宇宙空間や音の響きがどのように人間に影響をおよぼしているのか」ということです。

セドナ滞在中は、エネルギーの神様がいるサンダーマウンテンに日参しました。朝食後すぐに出かけて、サンダーマウンテンのトレイルを歩き、途中からトレイルを外れて秘密の場所まで登ります。お昼まで神様の個人レッスンを受けて、それからトレイルを歩いて下って、車で近くのスーパーまで行きます。軽く食事をしたら、トイレを済ませて、ふたたびトレイルを登って、秘密の場所へ行きお勉強です。

秘密の場所はトレイルを外れた細い道を登ったところにあります。そこは正面だけでなく、左右にもぐるりとサンダーマウンテンが広がっていて、サンダーマウンテンに囲まれた、ふところのような場所です。エネルギーで包み込んでもらえる最高のパワースポットです。

「人の役に立ちたい」思いを応援してくれる神様

サンダーマウンテンのふところですから、神様の声がよく聞こえて、ものすごい高波動を浴びられる特別な場所なのですが……日陰がありません。滞在中はすべてカンカン照りの日本でいう猛暑日でしたから（しかもアリゾナ州です）、軽く熱中症のようになったこともありました。

神様に「下りて木陰で休め」と言われて（秘密の場所は高い位置にあります）、なんでそんなことを言うのかな？　と、下りて木陰についたところで、頭痛がして若干気分が悪くなったこともあります。しかし、指示された木がパワーを持った木だったので、根元に座らせてもらうと、あっという間に回復しました（セドナのあちこちにねじれた木がありますが、この木はパワーを持っています）。

あまりにも暑くて汗だくになり、ひーひー言っていた日は、「頭が働いていないようだから、今日はここまで」と帰されました。このようにしてエネルギーの神様といろいろなお話をしました。

サンダーマウンテンの神様は「地球のエネルギー」の神様です。人間のお世話はしていません。お話は気軽にしてくれるのですが、願いを叶えるとか、個人を守るとか、そのようなことはしていないのです。

では、どうして私がこの研究をするお手伝いをしてくれたのでしょうか……。

この神様は、神様の前で「人の役に立ちたい」と決意した人を応援してくれます。ウォルト・ディズニーさんのこともそうらしいです。人間個人のサポートはしませんが、人の役に立つ〝仕事〟に関しては応援をしてくれるのです。

地球の霊的バランスが崩れると何が起こるか

ここで、地球の「霊的エネルギー」のバランスが崩れるとは、一体どういうことなのかについて、私が教わったことをお伝えしておきます。影響はさまざまな方面にいろいろな形で現れるらしいのですが、一番わかりやすいたとえが、「善」と「悪」なので、それで説明をします。

霊的なバランスが崩れると、「善」と「悪」のバランスも崩れます。地球は、誕生した当初から神仏が守っている、神仏のご加護に満ちた惑星です。波動が高い星なのです。霊的バランスは、通常、地球が正しく機能する方向でバランスを保っています。ですから崩れると逆側に傾くのです。

つまり「悪」のほうに傾きます。「悪」に傾けば、地上にいる「魔」たちのパワーがアップします。神仏側のパワーはそのままですが、「魔」たちが通常よりもちょっぴり強くなります。大きくバランスが崩れると戦争が起こったりもするわけです（パワーアップした「魔」に乗っかられた人間が起こします）。バランスが元に戻れば、「魔」の力はパワーダウンして弱まります。

個人にも同じ影響があります。いつもは高齢者に席を譲るのに、今日はなぜか絶対に譲りたくない、と目の前に杖をついて立っている高齢者を無視したりとか、子どもの頃から好きなお隣のワンちゃんなのに、なぜか最近吠える声を聞くと憎くてイライラしてしまう、とかです。

それは地球の霊的バランスが崩れて、心が悪い方向へ少し傾いている状態だからです。地球を囲んでいる霊的バランスのオーラの、「どこの部分」のバランスが崩れるのか、また、「どのような崩れ方」をしているのか、によって、影響を受ける人と受けない人がいます。

神様は人間の占いを面白がっている

話は変わって、個人の性格は長い魂の歴史（輪廻《りんね》転生《てんせい》）の中で学んだ内容が反映されています。しかし〝生まれた時の〟宇宙空間の影響も、とても大きいです。受け入れるかどうかを軽い気持ちで判断してもらうために、生まれた時の影響を占いという形にしてお伝えしました。

占いを書くという話になった時、神様に「占いは総合的な運勢と性格だけじゃなく、恋愛運とか、金運とかもあるんです〜」と言うと、とても面白がっておられました。「運勢をいくつかの項目別に細分化する」というその考え方が、面白い、と言うのです。

運は生まれつきではありません。たとえば、戦国時代に軍師として生きようと決めた場合、豊臣秀吉さんの軍師になるのか、無名の一武将の軍師になるのかで、まったく違う人生、違う運勢になります。

人をサポートしてあげる、という人生を計画した人は、夫をサポートするのか、総理大臣をサポートするのかで、人生も運勢も変わってきます。「こう生きよう」という計画は同じでも、運勢は選択次第でガラリと変わってくるわけです。

に分かれます。

「何を選ぶのか」「どう考えるのか」で、運がひらけていくのか、とじたままなのか、

エネルギーの神様からの注文

エネルギーの神様は、私にこう言われました。

「読んだ人が、前を向いて歩いていける、そんな占いを書きなさい」

占いといっても、「この時期は○です、この時期は×です」と書くだけではダメだと言われました。たとえば、人生に迷ってどよ〜んと落ち込んでいる、毎日うつむいて生きている人が、「へ〜、私の成功タイプってこうなんだ〜、面白いな、じゃあ、そういうふうに考えを変えてみようかな」と、本来の自分を知るきっかけになるようなアドバイスをしなさい、とのことでした。

自分自身を否定して苦しんでいる人もいるから、「そうか、自分には持って生まれたこんな面があったのか」と、本人が気づいていない、その人の良い点を発見できるような、そんな占いを書きなさい、とも言われました。

ツイていない、どん底の人生だ、生きていてもしょうがないと悲観している人が、

「ほ～、こうすれば運がひらけていく可能性があるのか。じゃあ、ダメ元でちょっとやってみようかな」と、その先に来る予定の幸せを捨てたりしないようにアドバイスをしなさい、ということも言われました。人生に迷っている人の指針となるアドバイス、それを占いという形で伝えると良い、というお言葉をいただいたのです。

スピリチュアルな話はうさんくさくて信じていない、だけど、占いは信じている、そのような人にも発信できるのが占いです。

エネルギーの神様に言われたことを肝に銘じ、世界のどこかの、どなたかのお役に立てればと思って書き上げました。たとえ小さな気づきであっても、それがブレイクスルーとなってくれれば幸いです。

おわりに

私は今まで15冊ほど本を出していますが、占いを書くのは今回が初めてです。研究で知りえた膨大な情報の、どの部分を書くべきなのか、どういうふうに書くと伝わりやすいのか、というところで少なからず苦労をしました。

占いは対面で鑑定をすれば、より詳しく、その人に合ったアドバイスができます。しかし、多くの方に本という方法でお伝えすることは容易ではなく、どうしてもいくつかのグループに分けなければなりません。

100人いれば、100通りのアドバイスがあるところ、10個のタイプにぎゅっと凝縮するわけです。中には10個の枠からちょっぴりはみ出る人もいたりします（しかし、きわめて近いところに入っていますので、大きくはみ出ているわけではありません）。

占いですから、当たっているか、当たっていないのか、そこだけに集中をして読むのもいいと思います。それが占いの醍醐味《だいごみ》だと私も思っています。けれど、書かれている内容に少しだけ注目をしていただくと、そこには人生をあと押ししてくれるような「気づき」の言葉があるかもしれませんし、運を一気に上昇させるヒントが見つかるかもしれません。

私自身もこの占いの研究で、初めて自分の基本タイプを知り、「へ〜、そうだったんだ〜」と納得しました。アドバイス（自分が書くアドバイスですが）を取り入れて、意識も変えて、バッチリ運をひらいていこう！　と希望に燃えています。もしかしたら、一番ワクワクしているのは著者の私かもしれません。

この本がきっかけとなって開運できたり、大成功をおさめたりする方がいるといいなと、心から願っておりますが、「エンターテインメントとして面白かったです」と楽しんでもらえるだけでも、長い時間をかけて研究したかいがあったと嬉しく思います。

桜井識子

桜井識子　さくらい・しきこ

神仏研究家、文筆家
1962年広島県生まれ。
霊能者の祖母・審神者の祖父の影響で霊や神仏と深く関わって育つ。1000以上の神社仏閣を参拝して得た、神仏の世界の真理、神社仏閣参拝の恩恵などを広く伝えている。神仏を感知する方法、ご縁・ご加護のもらい方、人生を好転させるアドバイス等を書籍やブログを通して発信中。
『神様、福運を招くコツはありますか?』『神様が教えてくれた金運のはなし』(ともに小社)、『神仏のなみだ』(ハート出版)、『京都でひっそりスピリチュアル』(宝島社)、『聖地・高野山で教えてもらった もっと!神仏のご縁をもらうコツ』(KADOKAWA)など著書多数。

桜井識子オフィシャルブログ　～さくら識日記～
https://ameblo.jp/holypurewhite/

神様が教えてくれた、星と運の真実
桜井識子の星座占い

2018年12月25日　第1刷発行

著者　桜井識子
発行者　見城徹
発行所　株式会社 幻冬舎
〒一五一―〇〇五一　東京都渋谷区千駄ヶ谷四―九―七
電話　〇三(五四一一)六二一一(編集)
〇三(五四一一)六二二二(営業)
振替　〇〇一二〇―八―七六七六四三
印刷・製本所　中央精版印刷株式会社

検印廃止

ISBN978-4-344-03409-9　C0095
幻冬舎ホームページアドレス　http://www.gentosha.co.jp/
この本に関するご意見・ご感想をメールでお寄せいただく場合は、comment@gentosha.co.jpまで。